养育聪明孩子的心理学

賢い子になる子育ての心理学

[日]植木理惠 著
宋天涛 译

机械工业出版社
CHINA MACHINE PRESS

KASHIKOI KO NI NARU KOSODATE NO SHINRIGAKU by RIE UEKI
Copyright © 2019 RIE UEKI
Simplified Chinese translation copyright © 2019 by China Machine Press
All rights reserved.
Original Japanese language edition published by Diamond, Inc.
Simplified Chinese translation rights arranged with Diamond, Inc.
through Shanghai To-Asia Culture Co., Ltd.
北京市版权局著作权合同登记　图字：01-2020-0380号。

图书在版编目（CIP）数据

养育聪明孩子的心理学／（日）植木理惠著；宋天涛译．—北京：机械工业出版社，2021.6
ISBN 978-7-111-67575-4

Ⅰ.①养… Ⅱ.①植… ②宋… Ⅲ.①家庭教育-教育心理学　Ⅳ.①G780

中国版本图书馆 CIP 数据核字（2021）第 031565 号

机械工业出版社（北京市百万庄大街 22 号　邮政编码 100037）
策划编辑：刘文蕾　刘春晨　　责任编辑：刘文蕾　刘春晨
责任校对：李亚娟　　　　　　封面设计：吕凤英
责任印制：李　昂
北京铭成印刷有限公司印刷
2021 年 6 月第 1 版第 1 次印刷
145mm×210mm · 6.125 印张 · 97 千字
标准书号：ISBN 978-7-111-67575-4
定价：49.80 元

电话服务　　　　　　　　　网络服务
客服电话：010-88361066　　机　工　官　网：www.cmpbook.com
　　　　　010-88379833　　机　工　官　博：weibo.com/cmp1952
　　　　　010-68326294　　金　书　网：www.golden-book.com
封底无防伪标均为盗版　　　机工教育服务网：www.cmpedu.com

序

聪明的孩子是什么样的呢？

聪明的孩子是能成为弱者伙伴的孩子、有主见的孩子、能准确表达自己观点的孩子、能衷心为他人加油的孩子、能坦率地描绘出梦想的孩子、能够以积极的心态去面对人生的孩子。

本书从心理学的角度出发，总结了如何培养上述意义层面上的"聪明"孩子。

并不是只有IQ高、偏差值高（注释：偏差值是指相对平均值的偏差数值，是日本人对于学生智能、学力的一项计算公式值）、擅长应试学习的孩子才是聪明的孩子。聪明没有那么狭隘。

认为把"智慧"用在自己的得失上就是聪明，并引以为傲的孩子，在不久的将来，会被社会所排挤。

无论头脑有多灵活，如果不具备上述意义的品质，那么所谓的"聪明"对人类社会这一整个体系来说就是不必要的，而且在情感上也会受挫，被大家疏远或排挤。因为利他是集体心理的基础。

我不希望父母把孩子培养成只注重知识、性格孤僻的人，我希望父母培养出的孩子是温柔体贴、情感丰富、能与社会共生的德才兼备之人。这是我研究发展心理学和教育心理学的前提，也是本书一贯诉求的核心。

接下来，我想写一点关于我个人的经历。

实际上，我因年轻时患病而无法生育，没有任何育儿经验。

我很喜欢小孩子，所以大学选择了儿童学专业，还攻读了教育学硕士，但我却没能成为一名母亲。这样的我有资格研究育儿吗？有资格执笔、演讲、谈论育儿和教育吗？以前经常会有人指出这一点，我自己也很烦恼。

但是，现在这种烦恼已经化解了。为什么呢？因为随着很多父母前来咨询，我意识到了一点，那就是，"一个人一旦成为其中的当事人，就会很难客观地看待事物"。

如果我自己身处育儿的漩涡，拥有丰富的育儿经验，那么无意中就会有"父母不要那样做，孩子不会听"和"孩子是这样的生物"之类的个人见解吧。不管怎么小心，还是避免不了会加入个人的想法。

不能当妈妈固然寂寞，但正因为如此，有的事才能做到。那就是，**作为研究人员，可以处于中立、客观、公平的立场讨论"育儿科学"**。这反而是幸运的事。

执笔本书时，我相当注重学问的客观性，把这稍微倒霉的境遇当作难得的使命。如果能让您的孩子展露灿烂的笑颜，助您育儿一臂之力，那将是我的无上荣幸。

植木理惠

目录

序

CHAPTER 01

第一章　育儿存在科学方式

- 01 不要盲目模仿他人的育儿方式 …002
- 02 孩子与生俱来的四种个性 …007
- 03 如何让孩子坚定地肯定自我 …020
- 04 身体接触是成长发育的关键 …024
- 05 早期技能教育的效果相当可疑 …031
- 06 英语的早期教育会削弱"思考能力" …035
- 07 "隔扇心理"会让育儿更加得心应手 …042
- 08 过度"管教"是负面行为 …048

CHAPTER 02

第二章　培养出聪明的孩子

- 01 "会学习的孩子"是具备"学习习惯"的孩子 …054
- 02 学习能力会无限延伸的孩子正在做三件事 …060
- 03 给孩子输出的机会以培养思考能力 …065
- 04 "为什么"是拓展孩子能力的魔法问句 …069
- 05 激发孩子干劲的两个目标 …074
- 06 只需附和孩子的"为什么"即可 …079

- 07 均衡使用"逻辑语"与"情感语"可以培养沟通能力 ...082
- 08 玩具少更能提高未来的可能性 ...088

CHAPTER 03

第三章　大大开发孩子的潜能

- 01 比起"明白","能做到"的体验更重要 ...094
- 02 孩子对未来的适应性表现在行为和憧憬上 ...100
- 03 如何自信地接近"梦想中的自己" ...105
- 04 采用"间接表扬" ...109
- 05 不能和孩子"交易" ...113
- 06 增强孩子主动性的关键是"正强化物" ...117
- 07 养宠物可以培养沟通能力 ...121
- 08 兴趣班和补习班的本质好处 ...124

CHAPTER 04

第四章　使孩子变强

- 01 孩子的成长会因父母应对幼儿叛逆期的方式而发生变化 ...128
- 02 青春叛逆期是成长的必要阶段 ...133
- 03 不要急于让孩子确立同一性 ...137
- 04 抱怨工作不利于孩子的成长 ...140
- 05 当孩子撒谎时,问"怎么了" ...144

CHAPTER 05 第五章 育儿不顺利时

- 01 比起"不训斥",更应该思考训斥的方式 …150
- 02 不要让哭泣的孩子强行闭嘴 …155
- 03 妈妈有意识地创造出"可以独处的时间" …160
- 04 孩子不听父母的话,是因为父母没听孩子的话 …166
- 05 独生子女并不"可怜" …170
- 06 育儿"自然是麻烦的" …174
- 07 不能说孩子"笨蛋" …178
- 08 避免出现"朋友式亲子关系" …182

后　记 …186

不能参考"个例"

有的父母和老师凭借世人眼中相当奇怪的教育方式、育儿方法获得了巨大的教育成果。电视、杂志等大众媒体都热衷于宣传报道这些教育方法,导致人们认为越富于个性的教育就越是"好的教育",并且这种风气在持续蔓延。

最近,独特的育儿方法、困苦家庭的育儿奋斗记都十分引人关注。例如,孩子们都考上了东京大学的教育妈妈,综艺节目贴身采访的大家庭的爸爸等,相当吸人眼球。

许多人在看了这些人的教育方法后备受鼓励,从中得到各种启发。那些爸爸妈妈都超级强大,鼓励孩子的声音中充满了力量。一幅幅令人感动的画面就像电视剧一样。人们看了之后便会想:我们家照他们这么做也会顺利吧!多数情况下就会想要采取同样的方式教育孩子。

但是,**不要忘记这些只是"个例",不具备适用于任何**

孩子的"通用性"。换言之，绝不是对"每个人"都有用。

电视上、图书上所介绍的，令你觉得"不错啊，跟着做做看吧"之类的教育方法，实际上大部分条件和自己家里的情况都是不匹配的。

比如，兄弟姐妹的构成、父母的收入等家庭环境的不同，父母自身的想法、教育经历的不同等，更不用说孩子本身的性格、DNA和适应性了。单单家庭人数这一项就充满了个性，所以很遗憾，从统计学上来说，媒体介绍的独一无二的成功经验完全适用于自身育儿的可能性几乎为零。

也就是说，无论A妈妈的独特育儿方式多么成功，能全部应用到B妈妈育儿上的概率基本为零。即便自己从中获得了勇气，有所感动，但真正能从他人的教育经验里学到的东西微乎其微。

从科学的角度来看，**如果某个教育经验所基于的理论没有经过成千上万的案例试验，那它就是无用的。**

保健方法和育儿道理是一样的

以保健方法为例或许就更容易理解了。

电视、杂志上经常介绍一些"超级老人"的保健方法，例如，百岁高龄还作为医院的经营者在职工作；80多岁还登顶珠穆朗玛峰等。但是，普通的高龄老人是无法效仿的，而且如果照着做，弄不好反而会搞坏身体，甚至受伤、患上疾病。

说到底，"超级老人"所实践的保健方法是符合他们自身体力、身体素质、生活环境的特定的方法。体力和体质都很普通的人并不能照搬运用。

网红爸爸、网红妈妈实际上很不安

有时我会和所谓的"网红爸爸""网红妈妈"一起参加综艺。

在演播室里，大家会谈论自己非常奇特的育儿趣事和教育方法。比如，"如果孩子做错了事，我就会让他做搞笑的动作，或者讲笑话。如果我觉得好笑就会原谅他。""如果孩子想要新的游戏机，我会和他用石头剪刀布来决定买不买。"……

在电视节目上大家自然会特意说得很有趣。但实际上，这些网红在后台会显露出另一面。

"老师，这样的育儿方式真的可行吗？我很担心……"

和在演播室时的状态完全不同，他们会向我倾诉关于育儿的困惑和不安。

不光电视节目，最近很多人会把孩子可爱的照片、参加活动的优秀模样上传到 INS（一款社交软件）上。旁人单看那些，也许觉得育儿中全是快乐幸福的事，一点儿也不辛苦。但是，晒照本人内心真正想的却不同。INS 呈现出来的只是他们亲子关系积极的一面，**实际上，每个人都在复杂的不安和迷茫中彷徨不定。**

在现如今的父母中，这种不安特别常见。我认为原因在于"我们家是这样教育的""这样做好像成功了"的信息充斥在我们周围，导致我们难以看见以心理学和教育学为理论基础的最基本的教育方式。

当然，与经验主义的教育信息产生共鸣，从中得到抚慰并不是坏事。但是，**首要是使用科学的育儿理论建立好自己的坐标轴。**

CASE 02

CHAPTER 01

孩子与生俱来的
四种个性

四种个性有着不同的"干劲开关"

人的气质由 DNA 决定,这是与生俱来、无法改变的,而且必须放弃改变它的念头。

"放弃"给人的感觉很消极,我更乐于把它想成佛教里的"醒悟"。科学地认为"这是上天赋予的与生俱来的气质",积极地思考如何顺应气质发展才能获得幸福的人生。

强行改变嵌入 DNA 的气质是错误的行为。否定孩子天生的特性不仅彼此都痛苦,而且会抹杀孩子的潜能和闪光点,导致孩子心理扭曲。

父母都会对孩子有所期许,"如果性格能稍微变成这样就好了""希望孩子可以采取那种行动"。但是,如果孩子身上表现出的有特点的性格倾向和行为模式来源于 DNA,那么想要强行改变这些就太苛刻了。

我们人类与生俱来的气质是什么样的东西呢?下面就

简单说明一下。

经过各种研究,我觉得人心的"形状"并不是大家所说的爱心形,而是有点像树木的年轮,类似于一圈圈卷起来的多层形状。这样的设想不仅使心理学研究中越来越明确的心的功能和结构得以顺利适用,还可以解释更多的现象。

如下图所示,大致可分为四层。

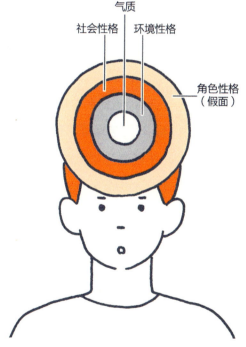

(译者注:该图指的是内心的年轮式多层构造。最外层的"角色性格"如同戴在人脸上的面具。)

从年轮深处依次向外分别是"气质""环境性格""社会性格"和"角色性格"。最外层的"角色性格",与其说是本人的人格,倒不如说是戴在脸上的面具,所以有时也被称为假面。

"气质"的类型是先天的

如上所述,"气质"是先天的。首先,在胎儿时期,气质便形成了。其次,"环境性格"是三四岁之前与家人的相处过程中形成的性格。最后,"社会性格"和"角色性格"是上学交朋友、上班进入社会后形成的性格。

成年人往往只关注年轮最外层的角色性格,而忽视了位于最内层的气质。比如在日本的企业中,上司指导下属的时候只会一味地说:"加油""好好干"。

由于每个人的气质不同,所以并不是所有人都会因为这样的鼓励而产生十足的干劲。在先天气质的作用下,"加油"对有的人有效,而对另外一些人可能会适得其反。

孩子也一样。因为气质不同,所以即便父母做的事情相同,效果也不尽相同。同样的方法,对有的孩子会产生正面效果,而对有的孩子则会产生负面效果。内心最深处的"气质"大大左右着个人差异。

20世纪80年代,美国就开始研究基于DNA序列的气质:怎样才能激发一个人的干劲?做什么会降低他的动力?由DNA决定的气质表现为什么呢?目前以下两个类型已经明确。

一是"内向型"与"外向型",二是"情绪稳定型"与"情绪不稳定型"。这些与本人的努力和经验无关,取决于天生的DNA。

内向型还是外向型?

你是内向型还是外向型的人呢?

首先,内向型气质是指由自己的内在世界来决定行动的类型,即遵从自己的内心来行动。与此相对,外向型气质是指由外部世界决定行动的类型,即通过周围的事物找到判断的依据,喜欢感知四周的氛围。

值得一提的是,内向型和外向型与民族、性别、年龄无关,两种类型的人几乎各占50%。也就是说,内向型和外向型两种气质同样重要,没有一个被淘汰,都被保留了下来。很显然,内向型与外向型只是个性不同,没有优劣之分。

气质和"干劲开关"的关系

	内向型	外向型
情绪稳定型	想在光明、令人感到安心的前景下努力	喜欢自己做决定，喜欢别人问自己有何想法
情绪不稳定型	只想埋头做一件事	不能忍受厌倦，经常想挑战新事物

植木（2013），对象：510名5~11岁儿童

强行引导外向型的孩子明确自己的意志，等同于让他变得内向；要求内向型的孩子多看看周围的环境，配合一下别人，等同于让他变得外向。这些要求是在试图改变基因所决定的东西，不但不可能实现，还可能会抹杀孩子原本的优点。

内向型也好、外向型也好，要不断地、肯定地告诉孩子："这正是你的优点所在，爸爸妈妈就喜欢你这点"，这对于培养孩子健全的心智是必不可少的。

情绪稳定型还是情绪不稳定型?

"情绪稳定型"与"情绪不稳定型",也不分孰优孰劣,并不是说稳定型就好,不稳定型就差。只是类型的不同,每种类型都有自己的长处。

以成人为例,如果在工作和人际关系等方面遇到了纠纷,而一直没有得到解决,情绪稳定型的人会倾向于暂缓下结论,"就先这样吧",能够忍受"模棱两可"。

相反,情绪不稳定型的人得不到结论心情就不舒畅。他们难以忍受模棱两可的状态,不会对灰色地带置之不理,所以工作不会只做到一半,会全神贯注地投入其中直至得到结果。这两种类型在心理学上没有优劣之分,只不过是持有不同的 DNA 而已。

据了解,情绪稳定型和情绪不稳定型也与民族、性别和年龄无关,几乎各占 50%。和前面的内向型、外向型一样,人类进化会淘汰不必要的基因,但是气质等与心理密切相关的基因却长久地保留了下来,且每种各占 50%。这表明两类基因都是必不可少的基因。

你的孩子是什么气质类型呢？情绪不稳定型的孩子对外界刺激反应比较强烈，对情绪的调节、应对能力较差，但另一方面他们有着较高的创造力。如果孩子总是玩一个玩具，或者每天都沉浸在同样的游戏中，难以脱离出来，可能就属于情绪不稳定型。画画、学习时，如果遇到不顺利的地方就会停下来，解决完问题后再继续进行，这样的孩子也有可能是情绪不稳定型。情绪不稳定型乍看好像是个短处，其实不然，这反而能体现出孩子执着、认真、专注力强等优点。

相反，刚玩一个游戏没多久就厌倦了，随即开始玩其他的游戏；画画、学习不顺利就会放弃，转而做其他事情，这类孩子大概率属于情绪稳定型（译者注：更易接受变化）。或许父母希望孩子能更专注一些，不想他们就这么是非不明地前进，但这正表明了孩子开朗、思维转换灵活、乐于挑战的性格特点。

接下来我们把"内向型"和"外向型"、"情绪稳定型"和"情绪不稳定型"组合起来进行总结，理论上就形成了"内向&情绪稳定型""内向&情绪不稳定型""外向&情绪稳定型"以及"外向&情绪不稳定型"这四种气质。

平静的（Calm）"内向 & 情绪稳定型"

内向 & 情绪稳定型的孩子，**内心有坚定的步调，一旦节奏被打乱，就会有压力。**

"考不到 80 分以上就不买新玩具。""这样的进度是赶不上的！怎么办？"如果受到别人催促、挑动，动力就会下降。他们只有在稳定平静的环境下才能努力。

不要催促他们，而是要用好消息来引导他们："完成这个就会有好事情发生""前进到那里就能实现梦想"，这样才有助于提高他们的干劲。

奇特的（Eccentric）"内向 & 情绪不稳定型"

内向 & 情绪不稳定型的孩子，**只想埋头做一件事，非常不喜欢受人打扰。**

如果他们被别人说："不要老做同样的事情，要保持平衡""平均分很重要""要从整体出发看待事物"，气势就会突然降低。

如果孩子反复只看一本漫画,我们不应该责备他,反而应该佩服他。"你可以不厌其烦地做一件事,专注力可真强啊!"反复夸奖这一点,会激发他尝试其他事物的动力。也有研究报告显示,即便只揪着一点表扬孩子,其他方面的成绩也会跟着提高。

领导力强的(Director)"外向 & 情绪稳定型"

外向 & 情绪稳定型的孩子,**比起接受别人的指示,更想自己成为领导者掌控全场,而且实际上也非常擅长领导。**如果父母和老师建议:"这样做如何?那样做怎么样?""你很适合做这个。"孩子的情绪反而会低落,他们只想自己做决定,自我领导。

习艺也好、玩游戏也好,面对这类孩子,父母可以问:"你想做什么?妈妈好想知道啊!""你喜欢什么?告诉爸爸吧。"孩子自己说出答案更能使他鼓足干劲。

冒险心强的（Blacklist）"外向 & 情绪不稳定型"

比起感受自己的内心，外向 & 情绪不稳定型的孩子更喜欢把目光投向外界，辨明是非。他们的**冒险心很强，留学会有很大的收获**。

如果教导他们："在同一个地方时时刻刻都要规矩做事""要经常以同样的方式行事"，很多时候他们反而会停滞不前。循规蹈矩固然重要，但是带着孩子去参加平时没有机会接触的演讲和活动，不断地给他们提供新的素材，让他们感受新鲜的环境，孩子会得到父母意想不到的大收获。

心理学取以上四种类型的首字母，将其命名为"BCDE基因理论"。我们也可以通过进一步研究基因来验证该理论的正确性，但英国已经做了一项研究，是让父母和老师通过观察孩子的玩法和对事物的投入程度来推测这个孩子是否属于内向型，情绪如何，结果显示他们的准确率高达89.9%，这在统计学上是相当高的占比。

因此，父母在寻找孩子的"干劲开关"时，可以以这四种类型为提示，看孩子属于哪一类，效果会非常显著。

综上所述，每种类型的孩子都有自己的优点。

如果以偏概全，孩子的气质和性格在父母眼中不免显得消极负面。重要的是，父母要明确个性是孩子与生俱来的，在相应的环境和条件下，这种个性会绽放独特的魅力。

CASE  03

CHAPTER 01

如何让孩子
坚定地肯定自我

日本年轻人自我肯定感低

现在越来越多的人苦于无法肯定自我。不自信的人怎样才能提高自我肯定感呢?

接受与生俱来的个性,并积极地认可,会增强孩子的自我肯定感。 日本内阁府在几年前对美国、英国、法国等五个发达国家的青年进行了自我意识调查,**结果显示日本年轻人的"自我肯定感"明显低于其他国家。**

可能是因为日本人眼中的理想形象趋于一致,所以性格和行为都非常整齐划一。父母通常单方面地把理想形象强加给孩子,或者自行为孩子设定目标,无视并压制孩子先天的气质和性格。我认为这是日本人没有强烈的自我肯定感的一大原因。

很多没有自我肯定感的成人就是因为小时候被父母否定了天生的气质和性格。

所以，**如果一直不能坚定地肯定自我，那么将来即便想努力提升自我肯定感，也没那么容易实现了。能否坚定地肯定自我，关键在于小时候父母的对待方式。**

珍视孩子与生俱来的个性并细心培养，才是让孩子拥有坚定的自我肯定感、过上幸福生活所不可或缺的。

CASE  04

CHAPTER 01

身体接触是成长
发育的关键

"抱多了"的谎言

"一旦养成了要人抱的习惯，如果不抱就会马上哭个不停、磨人，所以宝宝最好不要抱得太多。"

老一辈的妈妈们似乎有不少人这么认为，但发展心理学研究发现这是错误的想法。

通过各种研究，人们已经广泛地认识到**多抱抱有益于婴儿的发育**。

还不会说话的宝宝会通过哭闹、磨人来努力向父母传达自己饿了、困了等"生理欲望"，同时也有害怕、不安、寂寞等"精神上的欲望"。

并不是一时兴起，想为难妈妈才哭的，**婴儿哭闹是为了生存**。

"哭了他们就会抱我"，随着哭闹经验的积累感知到

"自己有生存价值"之后,才会信赖别人,肯定自己。

如果婴儿很少被抱,孤立感和不安感会越来越大,难以产生自立心。

建立亲情关系不仅仅要靠牛奶

美国心理学家哈利·哈洛(Harry Harlow)为了调查抱抱对恒河猴宝宝产生的影响做了以下实验。众所周知,恒河猴的大脑和情感功能与婴儿比较相似。

他进行的实验很简单,让两种类型完全不同的"妈妈"抚养刚出生的恒河猴宝宝。

因为这是一个科学实验,所以使用机器人玩偶代替真正的恒河猴妈妈进行了实验。

机器人1号是把牛奶瓶戴在胸前的玩偶妈妈。靠近它,随时都能喝到美味的牛奶。但是,这个机器人是用硬邦邦的铁丝做成的。虽然会给牛奶,但却是一个又凉又硬的妈妈。

相反,机器人2号是覆盖有长绒毛软布的玩偶妈妈。一碰就觉得很暖和,而且软绵绵的。但是这个玩偶没有牛奶瓶，和 1 号完全不同。靠近它，会感受到柔软和温暖，但是吃不到东西，会饿肚子。

在进行这项实验之前，发展心理学认为"婴幼儿会更亲近给予自己母乳等有营养的食物的人"，但结果恰恰相反。

恒河猴宝宝完全不亲近用铁丝做成的玩偶 1 号，即便会从那里得到牛奶。它们显然喜欢像 2 号一样能够提供温柔怀抱的玩偶，即便没有牛奶喝。

如果饿极了，恒河猴宝宝会先在铁丝玩偶那里暂且补充牛奶，其他时候就一直抱着柔软的 2 号玩偶。实验者还做了一个恶作剧，把会发出叽咕叽咕怪声的发条装置放在了恒河猴宝宝身边，结果受到惊吓的恒河猴宝宝无论有多饿，都立马跑到柔软的玩偶 2 号那里紧抱着它。

通过这个实验可以得知：**仅提供牛奶无法建立亲情关系。不论给了多少营养，宝宝都不喜欢像冰冷的铁丝一样不抱自己的妈妈。**

在哈利·哈洛的恒河猴实验中,恒河猴宝宝亲近的不是会给自己牛奶喝的铁丝妈妈,而是不会给牛奶的绒布妈妈。

这项研究大大颠覆了亲子心理学的概念。在给予营养的同时，养育者必须重视日常的身体接触，这不仅是为了维系亲情，对宝宝"维持生命"来说更是不可或缺的。

此外，哈利·哈洛还进行了一项实验，观察由铁丝制成的"妈妈"抚养的婴儿猴群和由绒布制成的"妈妈"抚养的婴儿猴群分别如何成长。

由铁丝制成的妈妈抚养的婴儿猴群逐渐出现了异常，它们反复出现自残行为，如咬自己的手指、拔毛等。

而由绒布制成的妈妈抚养的婴儿猴群却没有这样的倾向。哈利·哈洛通过实验得知：妈妈给予孩子的应该是温暖与柔软的呵护。

身体接触会培养信赖感

即使孩子长大了不再需要抱抱了，但还是会寻求父母与自己的身体接触，比如牵手、拥抱、摸头等。

或许孩子表面上显得害羞、不愿意，但父母不能犯懒，一有机会就要与孩子进行身体接触。因为这不仅能够加深亲子关系，还能够促进孩子身心和大脑的健康发育。

孩子的语言发育程度就会因为与父母身体接触的频率不同而产生很大的差异。比如，在孩子哭闹、要父母抱抱时，父母问"怎么了"，就有助于培养孩子的语言能力。

有人认为经常抱孩子、与孩子进行身体接触是在溺爱孩子，殊不知，**幼年时期的亲情表达甚至是溺爱，对于培养孩子基本的自信以及对他人的信赖感来说是必不可少的。**

在日本人看来，西方人的身体接触显得有些夸张。但是，西方人即使长大了也会积极地进行身体接触，这个习惯对一个人的成长发育非常重要，也符合教育理论。在这一点上日本人可能有点落后。

CASE 05

CHAPTER 01

早期技能教育的
效果相当可疑

少有证据能证明早期技能教育是必要的

无论是培养孩子的运动能力还是语言能力，都经常会提到"早期技能教育"的功效，再经大众媒体一传播，让年幼的孩子学习技能的风气更胜以往。

但是，少有证据能证明"早期技能教育是必要的"，研究者们反而更关注早期技能教育带来的弊端。为什么早期技能教育这么受人追捧呢？我对此感到疑惑。

脑科学专家经常提出早期教育的"临界期理论"，比如，从大脑发育来看，如果钢琴等乐器不在几岁之前学就再也达不到高水准了。

所谓临界期，就像以前幼儿教育中使用的"三岁神话"一样，认为如果三岁还不学某种技能，以后再学就晚了，强调学习某种技能时间界限点的重要性。

人的内心有可塑性

证明存在临界期的研究随处可见，但心理学并不拘泥于此，反而持有与此相反的观点，可以用"大脑可塑性"或"内心可塑性"来表述。

可塑性原本是物理学的专业用语，大家可能没太听过。可以想象一下塑料，在常温下不会变形，但加热后就会变软，形状发生改变，等冷却后又会变回原来的样子。可塑性指的是这种材料的性质。

心理学认为这种可塑性也适用于人类的大脑和内心。

不管是接受过早期技能教育，还是好几岁了也没学过什么，大脑不会因这些因素而一成不变。例如有人上学后，能力会快速增长或收缩。内心也一样，即便在青春期时内心完全封闭了，但随着年龄增长，情感有可能变得丰富起来，由此敞开心扉；也有可能因为压力而患上心理疾病。

大脑和内心常常会因为人生中的各种"际遇"而发生变化。 我们要在这个前提下观察人类。

我认为这种可塑性的思维准确地把握了人类的生存能力及本质，因为很难有科学证据证明临界期理论和界限论是正确的。

例如,要想像母语者那样流利地说英语,就必须在几岁之前开始学英语。想要证明这一点,就要先证明,一个在40岁之后去往国外生活的人,居住了10年后,其英语水平达到可以与本地人流利沟通的程度,但他的大脑明显异于常人。

"早期技能教育有效果,如果不进行早期技能教育就会来不及",我们无法证明这是符合逻辑的科学事实。

CASE 06

CHAPTER 01

英语的早期教育
会削弱"思考能力"

大脑会自动删除不必要的信息

说到早期技能教育，大多数人往往只看到优点，其实我们更需要考虑它的负面影响。

明显产生负面影响的是英语等第二语言的早期学习。

母语是英语的人可以自动分辨并发出R音和L音，日本人却做不到。在英语环境中生活，会区分R和L至关重要，但对于日常使用日语交流的人来说就没有必要区分了。

当大脑判断某个东西没有必要后，就会逐渐删除。因为大脑活动采用的是节约原理。

认知心理学中有"大脑是节约家"和"大脑很吝啬"的说法。具体来说就是大脑不会吸收或积攒日常生活中非必要的信息，并且会将其排斥在外。

你能很好地区分"R"音和"L"音吗？两者只有微妙的差异，只有母语者才能完美区分。

然而事实上,在刚出生的几个月内,每个人都能完全分辨出这个微妙的差异。

但是学习日语不需要这个分辨能力。说日语不需要把舌头卷在内侧发出"R"音,也很少把舌头顶在上牙发"L"音。能清晰地说出"**らりるれろ**"才是漂亮的日语发音,日本人在出生后不久,就会置身于这样的日语环境中。

于是,"节约原理""小气大脑"便现身了。大脑会不断删减日常生活中不必要的劳力和能力,不会背负沉重的认知负荷,不会留存对生活无用的东西。

混杂记忆语言,孩子的大脑会产生混乱

人的"成长"和"学习",就是学会正确且新鲜的知识。

但大脑的成长并不是只往里面添加各种东西即可,还会像做减法一样删除各种东西。**我们人类从儿童时期开始就会本能地分类:这是无用的信息,还是有用的呢?这个分类才是学习的根本。**

有的父母轻视这个功能,把英语的微妙发音和日语混杂在一起教给孩子。生活在日语环境中,却想把语言培养

成双语，大脑的语言功能会因此产生某种混乱。

还没有牢牢掌握母语就想着学习第二语言，就无法区分它们之间细微的差别了。

最后很有可能母语和第二语言的成绩都非常差，每种能力都高不成低不就。

大脑删减不必要的信息对自身有什么好处呢？

没有被删除的信息会更强烈地在大脑里扎根，也就是走向深化。

例如在表达的时候，日本人会想着用日语这一种语言反复措辞，来表达微妙的意思，让语言更有深度。"如何表达对方才能理解呢？"在对话的同时，还会不停地思考该如何组织脑海里的词汇。

如果大脑具备日语和英语双语功能，那么每种语言的组织表达能力就会变弱。即便用日语和英语都能思考，但思考程度不会加深。

所以，早期双语教育下的孩子很难成为某种语言的大文豪。

由此可以看出，**想深挖事物就要首先牢牢地掌握最为基础的母语。**

学外语有无法逾越的障碍

对于这种现象,心理学家高野阳太郎提出了"外语副作用"的观点。

即,**无论第二语言多么熟练,在和说母语的人交谈时还是有无法逾越的障碍,并且一定会有负面作用。**

请想象一下你和说相同母语的朋友谈话的场景。对方说话的时候,你会一字不差地从头听到尾吗?即使一边看着对方的眼睛,一边热情地听对方说话,也并不是百分之百地没有漏听,一字不差是不可能的。

因为在听的同时,还要思考对话的下一句:"这样回答吧""能赞成对方的话吗",不然对话就无法顺畅进行。

也就是说我们必须同时进行两项工作:一是听对方说话,二是思考自己接下来要说什么。全程无杂念地听下来几乎不存在。

对话就是在听的同时思考自己的意见。也就是说,必须完成双重任务。如果利用学到的英语和英国人进行对话,我们就得百分之百地专注于听。满脑子都是不能漏掉一句,因此不能进行双重任务。

大脑根本无法快速运转思考自己接下来要说什么,所以很难深入地沟通。**虽然能用外语交流显得自己富有学识，但实际上有疏忽思考的副作用。**

"公司内部通用语"的弊端

最近越来越多的企业把英语定为"公司内部通用语"。不少经营者考虑到商务全球化，认为不说英语就不能与国际社会接轨。

以前也有很多批判的声音："把英语当作通用语会给员工带来很大的负担，妨碍工作"，而现在为了与国际社会接轨，员工提高英语对话技能已经成了理所当然的事。

这未必全是好事。前面讲到的"外语副作用"不就很明显吗？

把英语作为公司内部通用语，实际上会给工作的各个方面带来负面影响。

采用英语对话或许能提高英语水平，但相互之间只能集中精力去听，很难进行深入的思考。在会议上也不能充分表达自己的想法，导致新的提案不能通过，上司也不看好自己。

在和外商交易时，大多是以英语为母语的对方掌握主动权。即使日本人努力用英语谈判，也全是不利的地方。

考虑到这一点，把英语作为公司内部通用语可能反而会招致很大的经济损失。全部用英语处理工作看似风光，但更应该冷静地认识到实际收益会缩小这一结果。

如果在和外商交流时必须用到英语，不如请个口译，应该会得到更好的效果。即把听力交给专业翻译人员，而我们只专注于思考如何回答。

首先要牢牢掌握母语

大人也会因外语副作用产生混乱，更不用说小孩子了。母语还不成熟就过早地学习外语自然会出现问题。

不少家长认为如果英语学晚了，发音就再也不能像母语者那样纯正地道了，所以就积极地让还处于幼儿期的孩子学习英语对话，不惜削弱母语的学习能力也要让孩子掌握地道的外语发音，对孩子的未来真的有益吗？这一点令人怀疑。

我建议首先让孩子扎实地掌握母语，至少在五岁之前只学习母语。

多跟孩子说话，耐心地听孩子说。尽量每天给他读书，或者让他自己看书。

最好在孩子打好母语的基础之后再让他学习英语。

CASE 07

CHAPTER 01

"隔扇心理"会让育儿更加得心应手

日本人独特的距离感

日本人在与人相处的时候会抱有独特的距离感，这是西方人所没有的。我给这种距离感起名为"隔扇"。双槽推拉门和隔扇由木头和纸制作而成，它们是传统日式房屋必不可少的物件，体现出了日本人特有的待人方式。

西式房屋的房间是用门相互间隔的，进房间时必须咚咚地敲门，门外的人根本不知道房间里的人在做什么。一直待在一起的人打开门、离开房间，剩下的人就会有种被抛弃的感觉。

而使用隔扇则能感觉到对面的人的存在。**虽然隔扇两边的人在做不同的事，但透过隔扇可以相互感知对方的存在。既没有紧挨着，又不是完全分隔开，距离感极其微妙。**日本人喜欢这种感觉。

对待孩子的时候，这种隔扇距离感尤为重要。**至少在**

青春期之前，孩子都强烈地希望父母看着自己做事。

父母不能代替孩子学习，即便孩子觉得困难还是得自己做。这时，父母不能只说一句"好好学"，就去往别的房间，而是要让孩子感受到妈妈也在努力，可以说："你在学习的时候，妈妈在用缝纫机做包"。孩子在客厅里玩游戏的时候，爸爸可以在旁边看杂志。

没有在跟孩子说话，也没有完全无视孩子的存在，**只是和孩子之间有一个看不见的隔扇，这种感觉会让孩子处于舒适的状态。**

孩子在公园的沙池里堆沙丘，别的小孩也会来到旁边堆沙丘，这很常见。有趣的是，比起大家一起合作共同建造一个大沙丘，孩子更倾向于自己一个人长时间地堆沙丘。

一起合作完成虽然快乐，但也费劲，所以热情来得快去得也快。与此相对，相互之间保持隔扇般的距离感，分别做自己的事，心情反而舒畅平静。

回想孩子的发展阶段，最初都是从一个人玩开始。到了二三岁，孩子们虽然会聚集在一起，但还是各玩各的。这个时期隔扇感很重要。

到了八九岁，孩子们才会一起合力做一件事，相互建立起联系。所以以隔扇感为中心的时期相当长，可以说是为孩子内心成长打基础的关键时期。

川字形睡觉的效用

人们常说，在孩子长到一定年龄之前，最好和父母一起呈川字形睡觉。这也属于隔扇感。

躺在床上，入睡之前和孩子聊聊天，孩子会说出平时不会说的心里话。**睡前的一点点交流可以让你了解孩子的内心，加深亲子之间的信赖感。**

父母躺在旁边看书，孩子偶尔和父母聊上几句。没有面对面，但也没有无视对方，隔扇般的距离感恰到好处。

不仅亲子之间会如此，成人之间也一样。

很多人都有这样的感觉，和别人在一起的时候就要面对面做同样的事情，过于紧密的距离和关系，会让人疲于应付，感到压抑。

所以，人与人之间要保持隔扇般的距离感。无论夫妻还是朋友，或许所有的人际关系中本就应该保持一定的距离。

只有介于"一起合作"和"不相关"之间，才能长久保持愉快的关系。

在西方文化中,孩子是"小大人"

与日本不同,西方人几乎不会和孩子一起呈川字形睡觉,很早就让孩子单独在房间睡觉。在西方文化中,孩子就是"小大人",正因为不成熟,才更应该严格锻炼。

而在日本人眼里,孩子是"小宝贝",是与大人不同的存在,像一个特别的宝物。无论过去还是现在,这种文化一直没有改变。

发展心理学提倡人们应该采用符合本国文化和国情的育儿方法。 如果周围人都采用日本传统的育儿方式,亲子联系紧密,而自己家却采用西式育儿,重视亲子间的隐私,想必会很寂寞吧。

例如,朋友们都是和妈妈一起洗澡、一起睡觉,而只有自己是独自洗澡、睡觉,这样会影响孩子的自我肯定感,觉得父母讨厌自己。

如果你的孩子还很小,而你想学习国外的育儿文化,就需要谨慎了。在日本,重视符合本国文化的"隔扇距离"的父母,才更能让孩子茁壮成长。

不紧挨、不远离,日本人特有的"隔扇距离"很重要。

在孩子升到五六年级或者初中以后,如果感兴趣,再把国外文化纳入育儿中也不迟。

CASE  08

CHAPTER 01

过度"管教"是负面行为

过度强调饮食礼仪是负面行为

别人经常问我:"应该如何管教孩子呢?"

筷子要这样拿,吃饭的时候不能看电视,要和别人认真打招呼……教导孩子生活礼仪的确是父母的职责,但是,如果吃饭时唠叨过多,对孩子心理会产生很大的负面影响。

因为孩子的成长离不开饮食带来的"营养摄取"和"身体放松感"。可以放松地、一个人自由地支配时间,对培养孩子悠然自得的性情非常重要。

如果每次吃饭的时候都对孩子唠叨:"碗碟不要发出声音""吃饭时不要驼背",孩子自然就无法放松地吃饭。如此一来,即便摄取了同样的食物,但由于消化功能降低,营养吸收的效果也会随之降低。

有这样一个实验,实验对象分两组,在吃饭时,A组亲子必须交谈当天发生的事,B组则不需要交流,最后确认哪一组的孩子能够放松、精力集中地吃饭。结果显示，与边聊天边吃饭的亲子相比，B组的孩子更能安心地进食。

因为有可以保持沉默的自由，所以孩子能够放松下来，摄取营养的程度会提高。

不只是孩子，大人偶尔也会想要一个人吃饭吧。边聊天边吃饭固然幸福，但是如果吃饭的时候一定要和别人聊天，会非常累人。疲惫的时候，一个人安静地吃饭更能得到放松。

就像以前流行过的"午饭同伴综合征"一样，一个人吃饭会给人寂寞悲凉的印象，但实际上**独自进食更能让人发自内心地放松**。

儿童时代的营养摄取很重要，所以吃饭的时间就越发显得重要。吃饭时即使孩子行为有些不规范，也应该尽量让他愉快地度过就餐时间。礼仪和举止可以在其他时间好好教导，开始吃饭后就不要再提了。

反复"指摘"，孩子就会萎靡

过度管教、过度提醒就等同于反复"指摘"孩子。如果说过很多次的事情还是做不到，言语就会越来越苛刻。

每当孩子有"做不到"的事情时，父母重复道："做不到啊"，就是在指摘。举例来说，当孩子闷闷不乐地说"又得了０分"时，父母就没有必要重复说"考了０分啊"。

当孩子日常性地接收来自父母的"你做不到"的信息时，自然会萎靡不振，养成对父母隐瞒的习惯。此外，也有不少孩子会向朋友或同学发泄积累的压力，出现不良行为。

"你还详细地记得小时候和父母谈话的'内容'吗?"我以此为题做了一个问卷调查，结果显示大多数人都想不起来。

但却能清楚地记得妈妈给自己做了什么饭，因为就餐时的记忆力很强。

无数个就餐记忆在无形之中给了我们力量。如果这么珍贵的就餐回忆里全夹杂着管教、指摘，那就太痛苦了。

为了让孩子顺利进入社会，不给别人添麻烦，不令他人感到不愉快，教导他各种规则和礼仪自然是必要的。不让孩子长时间玩游戏、让孩子养成良好的学习习惯等，这些管教在孩子成长过程中也是必不可少的。

但是，如果这些管教牵扯到了吃饭、睡眠等本应该放松的时间,那就会对孩子的心理成长产生很大的负面影响。所以,**在教导完礼仪规范后,要转换成笑脸模式,可以温和地说:"明白了就吃饭吧""要不要读晚安绘本啊"**。

一直受到喋喋不休的训斥,孩子也会缺乏进取心。只有父母的严厉和宠爱张弛有度,孩子才能习得良好的教养。

CHAPTER

第二章

培养出聪明的孩子

CASE 01

CHAPTER 02

"会学习的孩子"是
具备"学习习惯"的孩子

养成坐在书桌前做事的习惯

"如果你能多学习一会儿就好了……"父母或多或少都会有这样的感叹。

有的父母甚至觉得:"我家孩子是不是不适合学习呀?"

但是学习不像运动,几乎不存在"能做到、做不到""适合、不适合"的情况。是否擅长学习在于有没有学习的"习惯"。

会去学习的孩子并不觉得学习是什么特别的事情,他们觉得学习就像刷牙和上厕所一样,是理所当然要做的一件事,每天坐在书桌前已经成了生活的一部分。

突然让孩子开始学习,他可能很难学进去。可以从其他事情开始入手,画画、看绘本、拼图,什么都可以。尽可能**在孩子上小学之前,每天都空出一定时间让孩子写写画画、看书。**

每天都要坐在书桌前读读、写写，从小就养成这个习惯的孩子，在上了小学、初高中后，也会继续保持"学习的习惯"。

不容小觑的"小一难题"

你知道"小一难题"这个词吗？从 20 世纪 90 年代左右开始，教育界提出的"小一难题"已经成为一个社会问题，是指刚上小学一年级的学生，因为完全适应不了学校生活而出现的行为。

例如，对老师说的"排队""大家向前看"没有反应，不会集体行动，做事不按顺序来，不等全部人到齐就开始吃东西，上课的时候在教室里走来走去……

这些都是因为孩子还没有养成基本的生活、学习习惯就直接上了小学一年级导致的。

有研究指出，行为不安稳的孩子很有可能在上了五六年级甚至初中后还会继续出现问题。

也就是说，**从小养成的习惯一直保持下去的可能性很高，所以必须趁着孩子还小，在家里就养成能适应学校生活的基本习惯。**习惯的力量就是如此根深蒂固。

用小步骤依次养成习惯

学习也一样，如何从小养成学习习惯就变得至关重要。考试成绩其实和孩子原本的聪明程度没有太大关系。教育心理学显示，如果把学习变成习惯，对成绩的影响更加显著。

比如，孩子躺在地板上看书，父母可以试着说："坐在椅子上看吧，这样看书感觉会更有意思呢！""把书放在桌子上看吧，那样更容易看清，姿势也更加帅气哦。"等孩子能做到后，就多加表扬吧。

重要的是，要让孩子认为每天在"自己的房间"和"书桌前"读书、写字、画画是"理所当然的事情"。养成了这个习惯的孩子在上了小学后，也不会觉得每天坐在书桌前做作业、看书是一大痛苦。

如果孩子没有养成在自己房间看书等一个人做事的习惯，可以先让他们在父母的旁边学习，客厅、餐桌上都可以，绝对不能突然强迫孩子"在房间里学习"。

如果是小学一年级的孩子，请尽量留出 30 分钟以上的时间让他坐下来学习，哪怕是一边和父母聊天一边学习也行。对于不习惯"在书桌前学习"和"在自己房间做作业"的孩子来说,两项同时都要做到就太勉强了。

如果孩子做不到也别担心,首先让他养成做作业的习惯,哪怕趴着做也没关系。养成做作业的习惯后,再慢慢矫正姿势,让孩子学会用坐姿做作业,然后再督促他坐在书桌前做作业,最终引导他在房间里一个人学习。习惯必须按照顺序一步步地养成。

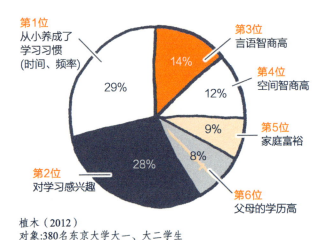

植木(2012)
对象:380名东京大学大一、大二学生

我对东京大学学生进行了多项心理调查,测定有哪些因素在大大地影响他们的学历。所有人在上述的6个要素中都是高分,特别是"从小养成了学习习惯"这项,得高分的人最多。

小时候没有养成学习习惯，上高中后突然就能全神贯注地备战高考，几乎不可能实现。引导孩子把学习变成生活中的一部分，就像刷牙和上厕所一样，我认为这是父母们义不容辞的责任。

CASE

CHAPTER 02

学习能力会无限延伸的孩子正在做三件事

物量·方略·环境

无论学习还是运动，人的成长方式会因自己坚信的做法和实际做法而完全改变。

A同学这样做，B同学那样做，C同学做法又有不同。每个人都无意识地相信，"自己这样学习和运动进步最快"。

做法大致可分为三种。

①**认为努力程度决定结果的"物量意向"**；②看重努力的方法，所以**行动时会不断思考方法的"方略意向"**；③认为人在很大程度上受环境和条件的影响，所以**会尽量把自己放在良好环境中的"环境意向"**。大多数人都只会执着于其一。

根据我的调查，能够均衡地把控三者的人只占整体的1.9%，98.1%的人都只执着于其中一种（或者哪种都不采用），并且不会改变。

以谈恋爱为例，给喜欢的女性送10朵玫瑰花，但对方并没有很开心，"物量意向"的男性下次就会想要送100朵。

如果送玫瑰花得不到理想的回应，"方略意向"的男性就会分析对方的兴趣和嗜好，下次会送另一件东西作为礼物。也就是说，如果这次不顺利，下次就不会重复送同样的东西。

如果用快递送花没有得到对方欣喜的回应，"环境意向"的男性会认为错误的地方在于环境，下次会考虑在时尚的西餐厅送礼物。

许多日本人都是"物量意向"。"物量意向""方略意向""环境意向"三种皆在实践的普通人几乎没有，**但三种皆在实践的一流运动员却不在少数。**

比如，日本花样滑冰选手羽生结弦，美国职棒大联盟选手铃木一郎等，他们在"物量意向""方略意向""环境意向"的每一个方面都在做最大限度的实践。

训练量不言而喻，他们对训练方法也会仔细研究，还会根据时机思考最完美的方法并去实践。因为自己是运动员，所以为了实现更高的目标会积极地远征他国，选择美国职棒大联盟等竞争激烈的环境来提升自己。

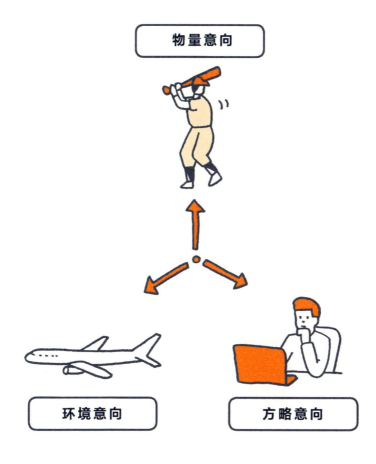

父母有意识地引导孩子实践三种意向

无论学习还是运动、习艺，想要激发孩子的干劲，父母可以有意识地引导孩子实践这三种意向。

想要让孩子注意到"方略意向",可以跟孩子建议道:"努力是很了不起,但是在做法上下功夫会变得更好"。想要孩子意识到"环境意向"时,可以让孩子收拾房间,"把房间整理干净一点吧,以便你静心学习",或者把孩子送到有很多优秀生的知名补习班,让他们受到正向激励。

意识到"物量意向""方略意向""环境意向"并全部去实践的确辛苦,但是稍微有意识地去实践,孩子的成长方式、进步方式会因此而大大改变。

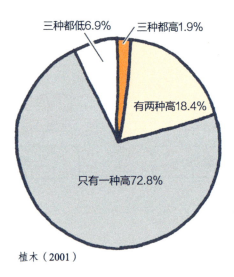

植木(2001)

物量意向、方略意向、环境意向,1.9%的天才三种都在实践。

CASE 03

CHAPTER 02

给孩子输出的机会
以培养思考能力

向别人输出很重要

日本学校基本的授课形式是老师把知识强行灌输给学生。有批评称,与西方孩子相比,日本的孩子虽然知识量丰富,但难以培养出"自我思考能力"。

这样的事态就严重了。因为如果思考能力低下,就难以深刻地把握事物的意义,难以预测未知的风险。反复思考也难以有新的发现、新的想法和创意。

具备思考能力对于漫长的人生来说是无比重要的事情之一。那么,如何做才能具备思考能力呢?

有人认为大量看书或许可以锻炼思考能力。但出人意料的是,如果只是单纯地看书,人并不会进行太多的思考。

因为,**人在想要把信息传达给别人,进行"输出"的时候,才会思考,而不是在读书或学习等"输入"的时候。**

当孩子书写、谈论读后感时，他才会开始各种思考，"作者是想表达这样的意思吧？""主人公的行为是不是有这样的意义呢？"当孩子有机会输出给别人时，他才会开始反复思考，"我该如何说出这本书的有趣之处，让别人明白呢？""以什么样的顺序讲述呢？"

如果只是看书，行为是被动的，只有在做读后感等输出工作时才会主动思考。

和孩子一起看电视、看电影、参观博物馆时，也不要随便看看就结束了，要问孩子的感想："你是怎么想的？"问孩子的喜好："你最喜欢哪个角色？"重要的是给孩子创造输出的机会。

"思考"这一行为是在想要向别人传达信息的时候才开始工作，所以请尽量给孩子创造享受输出的机会。每次体验各种事情时，不要稀里糊涂地看一看就过去了，而是要对刚刚的体验交流感想。

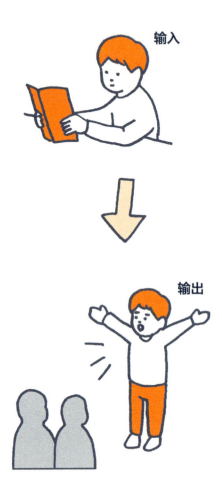

CASE 04

CHAPTER 02

"为什么"是拓展孩子能力的魔法问句

当结果不理想时如何安慰

当孩子很努力，结果却不理想时，父母会很迷茫，不知道该说些什么。我建议在这种时候可以说："咦？真不可思议啊？"

"为什么呢？"这句话有一种神奇的力量，可以进一步延伸孩子的好奇心，把失败转变成积极向上的能量。

做了很多计算练习，但算术成绩还是很差。"是你不够努力"之类的说法对孩子来说太残酷了。孩子已经充分付出了努力，如果还被父母说"要更加努力"，真的不知道该再做些什么才好了。

"你是不是不适合算数呀"之类的话就更过分了。如果被定义为无能，孩子在努力之前就会举手投降。这句话可能会彻底打消孩子的干劲。不仅如此，如果在小时候就被说"没有那个能耐"或"没有才能"，那么长大后孩子性格也很有可能消极悲观。

另外，我也不建议父母说"是题目太难了""是老师考题出的奇怪"等逃避问题的话。如果把失败归咎于考题和老师等其他事物，的确落得轻松，但没有任何教育意义。"是不是记错了计算方法？""学习方法是不是有问题？"不把原因归咎于自身，孩子就不会成长。不仅如此，如果在孩提时代养成"怪罪于他人"的习惯后，长大后也只能过上消极的、旁观者式的生活，"是时代的错""都怪经济不景气"。

学习和游戏一样有趣

父母应该时常考虑如何才能拓展孩子的能力，因为正确地引导孩子是父母的责任。

如果拼命努力成绩还是差，首先不能让孩子灰心，可以说："为什么呢？真不可思议，你明明那么努力，明明很有才华！"然后一起思考"为什么"。

孩子失败时就要劝解道："不可思议！也许有更好的做法"，带着孩子重新制订策略。"下次试试从简单的问题开始答起吧""要不试试在饭前学习"，什么建议都行。总

之，要让孩子养成只要改变作战计划就行得通的乐天思维。

你知道孩子为什么那么沉迷于游戏吗？这是因为他们很享受变换策略，"好吧，下次试试不同的攻略吧""改变打倒怪物的作战计划吧"等。能把这种感觉运用到学习上的孩子也会享受学习，"学习太令人快乐了"！

我周围都是心理学研究人员，大家都知道实验的失败与成功，取决于所用的"方法"是不是最好的。所以，即使研究费时费力，也会快乐地沉迷于其中。

也可以归咎于"运气"

有时孩子会丧失自信，失去干劲，不论父母如何引导，都没有精力去思考"为什么"。

在这种情况下，爽快地说一次"是运气不好"也是一个不错的方法。

我在开导抑郁患者时，也经常拿运气说事。因为抑郁的人一般都是过于努力才变得抑郁，所以我自然不会说"更加努力吧""换个思路吧"。

"人有时候就是要背负着这样的艰辛啊""运气真不好啊"等，把生病归咎于模糊笼统的东西，"不是你的错，也不是别人的错"，**让病患从过分责备自己的状态里稍微逃离出来**。

如果病患因此稍微觉得："原来是这样啊，是自己运势不好"，那样就算成功了。心情轻松，内心就能变得从容。看到病患能够转换思路后，我会推进话题："要不要试着做点和以前有点不一样的事情呢？"

"运气"这种说辞也能有效活用在育儿中。

当孩子因为结果不理想失去干劲时，父母可以拿运气来劝导孩子，把失败归咎于运气。"这次真倒霉啊！""碰巧抽到了不好的小组！"无论是学习还是运动，努力了却没有得到理想的结果时，只要想着"这都是运气"，心情就会有所缓解。

等孩子冷静下来后，再引导他一起积极思考策略，就万无一失了。

CHAPTER 02

CASE

激发孩子干劲的
两个目标

become 和 being

如何激发孩子的干劲呢？这是所有父母都会思考的事情。

人们常说有明确的目标是激发干劲的一个方法。的确如此，不过并不是设定具体的目标，单纯地朝着目标前进就可以了。

拥有目标并为之付诸努力的人，会把目标分为明确的两层状态，即 become 的目标——想得到什么样的结果和 being 的目标——希望保持何种状态。

所谓 become 的目标，就是实现具体的目标，比如"想在测试中拿到 100 分""长大后想当老师"等。

而 being 的目标与根本的价值观息息相关，是自己朝着目标努力的状态，即自己想作为什么样的人存在于社会上。比如"想让自己一直保持笑容""希望自己继续努力"。

being 和 become 是不同维度的目标，但其实 being 的目标隐藏在 become 的目标背后，生存真正的喜悦就在于实现 being 的目标。

只实现了 become 的目标，但没有 being 的目标伴随，人也不会从心底里感到满足。

例如，歌手在录制唱片的时候，会产生 become 的心情："想成为热门歌曲"，同时也会有 being 的想法："希望自己追求最棒的音乐""希望自己是让粉丝开心的艺术家"。

然而，为了配合唱片公司的销售策略，最后的作品并没有令自己非常满意，但是销量不错。旁人眼里看似获得了成功，但是歌手自己内心并没有得到满足。确实是畅销，但"这真的是自己想做的乐曲吗？"不满逐渐累积，总有一天不再喜欢音乐。

这是因为只关注了销量这个 become 的目标，受其操纵了。如果更强烈地意识到 being 的目标，那么即便唱片根本卖不出去也不会讨厌音乐，自己也不会感到空虚，还能够安抚自己："下次要更努力"，然后继续精进。

要引导孩子均衡制订 become 的目标和 being 的目标，并为之努力。学习也好，体育运动也好，当孩子拥有目标时，父母一有机会就要让孩子明白，真正重要的是 being 的目标，而不是 become 的目标。这是让孩子坚持不懈的关键。

即使进步得不理想，也要肯定孩子之前的付出，鼓励道："变好了呢""你很努力啊"。这样一来，孩子就会感受到实现 become 的目标实际上就是朝着 being 的目标迈进。

being 的目标顺利并不代表 become 的目标也一定顺利。有时没有 being 的目标，become 的目标也会顺利实现。重要的是要明确意识到这两个目标，并使其均衡前行。

如果只有一个 become 的目标，当它没有实现时，人就容易受到打击。也就是说，一遇到点挫折就会放弃努力。

父母往往只关注孩子 become 的目标，我希望父母也不要忘记问问孩子 being 的目标还顺利吗？变成什么样子了？

CHAPTER 02

CASE  06

只需附和孩子的
"为什么"即可

"为什么"是最初的好奇心的表达

孩子经常会问大人:"为什么?"但是也有几乎不问"为什么"的孩子,可能这类孩子"最初的好奇心"从小就被父母忽视了。

啃咬父母的手机,拉动钱包的拉锁,想玩打火机……幼儿对自己周围的一切都会表示好奇。这就是最初的好奇心。看着盛满水的洗脸盆说:"为什么里面能盛水?"看着太阳问:"为什么太阳公公很耀眼呢?"这种"为什么"也是最初的好奇心的一种。

心理学认为,如果最初的好奇心得不到满足,孩子就无法顺利进入下一个阶段,即想要更深入地挖掘"为什么"的"知识好奇心"。

最初的好奇心以"这是什么"的想法为中心,如果随之而来的行动被父母制止,说:"不行!"这种好奇心就会被忽视，孩子的好奇心就不会发育，长大后对什么都不感兴趣。

但是，突然被孩子问道："为什么太阳很耀眼呢？""火是红色的吗？"父母有时也无法立马给出答案。

遇到这种情况该怎么办呢？

其实孩子并不是什么都想要科学上正确的答案。所以和孩子站在同样的角度上附和道："为什么呢？"对这个问题产生共鸣就足够了。当孩子看到不只是自己会产生"为什么"的疑问，其他人也一样有疑问，心理就得到了满足。

有的孩子在心理咨询中也会吵闹地连连问父母"为什么"，恐怕父母心里在想："放过我吧，别再问了"。这时我会代替父母说："老师也不知道，到底是怎么回事呢？真是不可思议啊"，就像孩子的镜子一般。

见到孩子玩打火机，不要直接夺过去，说一句："太危险了，不能玩！"而是要激发孩子的好奇心："火好神奇啊，有趣吗？但是太危险了吧！"他们就会乖乖地把话听进去。

即使想要回答出点什么，也没必要非得是客观正确的答案。例如，"太阳耀眼是因为太阳害羞，不想被人看到""火是红色的可能是因为它很生气吧"，这样的回答也是可以的。

不能忽视孩子的"为什么"，也就意味着不能忽视孩子产生"为什么"的好奇心。即便回答的内容不正确，但只要附和孩子产生"为什么"的好奇心就足够了。

CASE 07

CHAPTER 02

均衡使用"逻辑语"与
"情感语"可以培养沟通能力

发火是因为沟通不顺利

现在有很多孩子不愿意上学,蛰居在家里,难以与他人相处。我在心理咨询中遇到过很多这样的孩子,其中有很多是因为在学校"容易发火"而被家人带来。

有的人也许认为这样的孩子很任性,噼里啪啦地只顾着说自己的主张。但恰恰相反,他们几乎都是低着头,一点儿都不想交流,或者和同学说话不融洽。

因为无法和对方顺利地沟通才会闹脾气。而那些任性、能干脆利落地说出自己主张的孩子,心情会很舒畅,也不会冲同学们发火。

为什么会变成这样呢?其中一个原因潜藏在亲子之间的对话中。

比如,父母为自己的事忙得不可开交,根本没有空闲听孩子说话;或者父母总是以大人的思维听孩子说话,中途会打断孩子。如果孩子从小就长年累月地生活在这样的状态下，那么就没有能力表达自己的感情，不知道要表达什么，也不知道该如何表达，进而对这样的自己感到焦躁，在某一天就突然生气了。

和孩子沟通需要时间

认知心理学中有一条"两分钟法则"，即如果对方没有在两分钟内说出引起自己兴趣的事情，自己就不能集中精力地听对方说话了。先从结论开始说起，然后只简短地总结要点，这样的说话方式就是善于交流的表现。

但说到底，这是大人世界的法则。如果父母在与孩子的对话中频繁使用这种沟通法则，孩子的心就会处于无法满足的状态。不仅不能培养沟通能力，还会害怕对话。

无论吃饭还是换衣服，孩子都要花些时间来进行。一定要给他留出成人做相同事情所需的 3 倍到 5 倍的时间。 说话也是一样。

吃饭和换衣服肉眼可见，父母可以耐心地等待孩子完成。但是说话的时候，一不小心就变成了大人之间对话的状态。

明明只需要一边看着孩子的眼睛一边点头说"嗯,嗯"就好了,结果却说出"所以你想说什么?""我已经知道了!"之类的话打断孩子,这就要引起注意了。

"逻辑语"与"情感语"

语言可以分为两类:由逻辑词语组成的"逻辑语"和由情感词语组成的"情感语"。

所谓逻辑语,是指以所谓的正论为轴心进行谈话的说话方式,如"一般来说""通常而言""应该这么做"等。逻辑语是人们在工作、洽谈、决策事情的时候,为了逻辑清楚、循序渐进地谈话所进行的必要的交流。

所谓情感语,是以个人为主语的情绪化的说话方式,如"我很高兴""我很后悔""自己希望这样做"等。这是表达感想、诉说愿望、坦露心情时,直击对方内心的交流方式。

在家庭日常对话中,均衡地使用逻辑语和情感语,对于培养孩子的沟通能力很重要。

但是,当父母想跟孩子说些什么的时候,即便是面对年幼的孩子,大部分人也往往主要使用逻辑语。

比如，不断抛出寻求逻辑道理的疑问："你为什么要这么做？好好解释一下。""为什么做不到？好好说说看。"结果促使孩子顶撞道："大家都做不到啊！""老师说不用做了嘛。"

而孩子更能听进去情感语。比如，"如果能帮妈妈这个忙，妈妈会很高兴的""做了这样的事受伤了，爸爸不是会很难过吗"，这样的情感信息带给孩子的影响会更加强烈。孩子自然会温和地回应道："嗯，知道了。""下次我会注意的。"

我也经常受邀做读后感的评委，小孩子写的作文以情感语为主。如果孩子明明还年幼，写的文章却通篇都是逻辑道理，就会令人感到违和。

能自然地运用情感语表达之后，大概从小学三四年级开始，就能穿插着用逻辑语来表达了。为了让孩子说话时不仅符合逻辑道理，同时又能自如地融入情感语，父母有必要重新审视自己要求的家庭交流方式是否合理。

如果大人之间总是用"做了什么什么，很开心""因为发生了什么什么，太焦急了"等情感语交流，对话无法成立。相反，如果全部使用逻辑语，对话又会变得死板，被对方敬而远之。就像"如果你帮忙做这个，我会很高兴"一样，**对话时在符合逻辑道理的同时又融入了情感语，话语就会吸引对方。善于运用这种说话方式的人会很讨人喜欢。**

对话里含有的逻辑语越多，谈话技术就越高，抱有这种想法的父母往往会抑制孩子情感语的使用。

以"我"为主语传达自己的感情，叫作"我信息"（I message），把"我信息"巧妙地融入和孩子的对话中吧。最为理想的状态是父母能够均衡地运用逻辑语和情感语。

CHAPTER 02

CASE  08

玩具少更能提高
未来的可能性

正因为贫穷才培养出来的写作能力

战后不久有一本名为《山彦学校》的畅销书,由教育家无着成恭编纂而成。里面收录了无着老师的学生们描写雪国艰难生活的作文和诗歌,一度复兴了从大正到战前持续兴盛的"生活缀方运动"。

所谓生活缀方运动,是指通过具体审视生活,真实地表达出所思所想,以提高儿童对社会的认识、培养其洞察力和思考力为目的而进行的教育运动。

实事求是地描写现实生活,与描绘自己内心、书写雅文是不同的。

具体来说就是描述"发生了什么,看到了什么,做了什么,想了什么",和那种绞尽脑汁、苦思冥想的创作不同。只有以"生活缀方"能力为基底,才有可能写出丰富多彩的表达。

玩具少，孩子就会开动脑筋

生活缀方运动盛行的时代不像现在，那个时候物质生活很贫乏。没有游戏，也没有网络。孩子们是为了度过闲暇才写作的。

也就是说，**因为没有玩的东西，所以能热衷于写作**。如果身边有很多玩具，就不会仔细地审视生活，也不会把感受、所思所想跃跃欲试地传达给朋友和父母，或者记录下来。

生活缀方运动只不过是一个例子，但是物质贫乏的状态的确能促使人们热心地寻求和他人鲜活的交流，敦促人们在生活上思考各种创意。

孩子的玩具也表明了同样的道理。有的长辈会不断给孩子买玩具，而有的孩子就没有多少玩具。如果玩具少，孩子就会自己想出新的游戏，或者强烈地想和父母进行交流，久而久之，创造力和语言能力都会得以进步。

反观玩具满满的孩子，可以说是生活在物品的支配下，但原本应当是由人来支配物品的。

如何才能处于人支配物品的状态呢？

可以给物品附加故事。比如，这个玩具是在运动会上拿到一等奖后奶奶给我买的；那个玩具是在游泳班学会蛙泳的时候爸爸在百货商店给我买的，还夸我说"做得真棒"。**如同回忆往事一般，能给物品附加上各种各样趣事的孩子就是正确地支配着物品。这样便和玩具建立了良好的关系。**

有这种附加心理感受的美好回忆，这个玩具才算是给对了。

将游戏作为奖励

在现在这个时代，游戏也有流行和过时之分。如果周围的朋友都有，自己却没有，就融入不进去，感觉受到了排挤。孩子会想为什么父母不给我买，这就等同于父母在稀里糊涂中惩罚了孩子。

惩罚只会带来痛苦，所以面对这样的状况，父母必须准备好足以说服孩子的回答。

"不做完什么什么就不能玩游戏"会给人"惩罚"的感觉，孩子会感到限制和排斥。但是，如果说成"什么什么完成之后就是玩游戏的时间了"，孩子反而感觉像是得到了"奖励",会铆足干劲,想着完成作业后就能玩自己最喜欢的游戏了。

不要让孩子漫无目的地玩游戏,把游戏和努力学习"配套"起来吧。不然,孩子很可能会沉迷游戏,难以自拔。

"早点做完该做的事便能尽情地玩游戏",把游戏当作奖励,提示孩子要为了享受游戏而努力,这是符合行为理论的。

"游戏机确实是你的东西,我们也知道你很喜欢,但决定你如何使用它是爸爸妈妈的职责。我们有责任保护你不依赖游戏,不荒废学业。"

无论游戏还是手机,严格做好时间分配的家庭,亲子之间通常会保持良好的关系,不会发生争执。

游戏机虽然属于孩子,但玩法的主导权在于父母。而且,我认为必须重申**"父母是孩子的引路人"**这一主张。

CHAPTER

第三章

大大开发孩子的潜能

CHAPTER 03

CASE  01

比起"明白",
"能做到"的体验更重要

孩子的人生哲学是"能"与"不能"

对于青春期之前的孩子来说，最重要的"人生哲学"是什么呢？用一句话来说，就是"能"与"不能"。

公园里有棵大树，以前只能爬到第三个大树杈，但今天能爬得更高了；以前一直不会折的纸兔子现在会折了；今天吃到了之前没吃过的冰激凌……毫不夸张地说，孩子眼中的世界就是**自己想要的"能否做到"，期待的"能否实现"**。

会算两位数的乘法，跳箱能跳五节，孩子的兴趣完全在于能不能做到。和朋友打赌"输赢"也是"能"与"不能"附带的体验。孩子会在很长一段时间内看重"能"还是"不能"。

那么，从"能"与"不能"的世界毕业后，"人生哲学"又会转变成什么呢？答案是"明白"与"不明白"。这个阶段，孩子不再仅仅关心**"能做到"还是"做不到"**，而是以"能做到吗？为什么不能？"为由，强烈地需要"我想弄明白"。

不过，孩子必须长到 10~12 岁左右才能到达这个阶段。而且最重要的是，在孩子尚且年幼时，周围至少要有一个大人对他"做到了"的体验给予共鸣："太棒了！好厉害啊！"对于"做不到"的体验则要鼓励道："下次表现会更好！我会为你加油！"这样的长辈对于孩子向前发展是必不可少的。

如果对孩子"做到了""做不到"的喜忧之情置之不理，不会对孩子露出欢喜的表情，只是冷淡地回应："啊啊，是吗？"孩子就无法产生"想要知道更多"的更高层次的好奇心。最后会变成能不能做到、明白不明白都无所谓的孩子，对任何事物都不感兴趣。

"重新培养"的效果

我建议对这样的孩子做一次"重新培养"。在我的临床病例中有一位患有"学生冷漠症（Student Apathy）"的大学生（男性），我把他重新带回了"能"与"不能"的世界。我连续半年都认真倾听他在打工和考试上的成功与失败，并对其表示出"太好了""真遗憾啊"等回应。

我不会过问"为什么""为什么不能"，因为他对那个层次还不感兴趣。在拥有了全身心地投入到"能"与"不能"世界的经历后，这名学生顺利地进入了"想知道如何才能做得更好"的发展阶段，此前无精打采的样子逐渐消失了。这个治愈过程给我留下了深刻的印象。

重申一遍，"能"与"不能"是小孩子的哲学指南，这一点都没有得到满足的孩子是不会在意"明白"与"不明白"的。

所以，无论是钢琴还是书法，掌握了基础教程也好，从"级"上升到了"初段"也好（级：在围棋、将棋、柔道、剑道等运动中，到"段"之前的技艺等级），孩子最关心的只有是否"做到了"自己设定好的某一水平。

随着年龄的增长、经验的累积，逐渐才会"明白"，"这个旋律寄托着作曲家的什么心情""这个汉字有多么深的含义"等。

在进入那个阶段之前，请父母放宽要求，只需为孩子送上"能做到真是太好了"的声援即可。

有育儿问题的父母也经常前来向我咨询，我在观察和父母一起来的孩子时会有各种各样的发现。

有一次我看见有个孩子不停地从纸巾盒里抽出纸巾,只是想要大人对自己所做的事情有所回应。自然不是想要被训斥,而是想要得到夸赞:"好厉害啊,纸抽得真利索!"

在咨询室里开心地跑来跑去的孩子也只是想要别人夸赞:"跑得真快啊!"如果哪天不跑了,别人就可以说:"哦,今天不跑了。不是跑得挺快的嘛!"即使对孩子说:"在这里不可以跑,你不明白吗?"也没有什么效果,因为孩子对"明白"这个事还不感兴趣。

"做到了"之后才是"明白了"

人的成功体验有两种,一种是"做到了",另一种是"明白了"。在一定时期之前必须不断地让孩子积累"做到了"的成功经历,这对孩子的成长非常重要。

要想从"能"与"不能"的世界中萌生出"想明白"的心情,并且越来越强烈,就必须积累大量"做到了"的原体验,否则就无法顺利地进入下一个阶段。

充分体验到"做到了""做不到""赢了""输了"的孩子,就算父母不说"你不明白吗",也会自然而然地对"明白"与"不明白"的世界抱有兴趣,并积极地进入其中。

因此，如果孩子还处于"能"与"不能"的世界，那么父母千方百计地想要孩子明白一些他们并不懂得的事情是没有意义的，只是徒增烦恼而已。

对于一定年龄段之前的孩子，不能用成年人的感觉和思维来强行让他们"明白"。父母应该珍视孩子"能"与"不能"的世界，尽可能增强他们"做到了"的喜悦感。

CASE  02

CHAPTER 03

孩子对未来的适应性
表现在行为和憧憬上

"社交幅度"会在孩童期决定

孩子适合什么？将来选择什么工作好呢？如果父母能注意到孩子适合的方向，不断地开发，使其拓展，就最好不过了。

如果不花时间仔细观察，就很难看出孩子适合什么方向。即便是长时间生活在一起的父母，也很难轻易得知。孩子的兴趣很容易发生变化，所以即使追踪他们的好奇心，也无法轻易判断孩子适合什么。

看孩子在野地、森林里兴致勃勃地追赶昆虫，每天看昆虫图鉴，就以为这个孩子对生物兴趣浓厚，觉得将来从事研究生物的工作或许很好，但可能从某一时期开始，孩子就压根不理睬昆虫了。

不过可以预见的是，如果孩子总是单独一个人面对感兴趣的事物，那么这个孩子应该适合单独思考、独自琢磨之类的工作。

玩的时候,是喜欢一个人还是两个人一块呢?或者三个人、四个人……和几个人在一起最舒服,实际上在孩童初期就决定了。

喜欢两个人一起玩的孩子,长大后在两人团队里的时候会最沉着;总是喜欢四个小伙伴一起玩的孩子,长大后在四人团队里工作的时候最有干劲。

心理学把此称作"社交幅度",在孩童时期几乎就定型了,长大后会一直持续下去。

观察孩子的行为动作,就会知道孩子大致的社交幅度。可以推测出的是,社交幅度很大的孩子适合和各种各样的人打交道的工作,社交幅度较窄的孩子则适合需要一个人或者少数人斟酌细想的工作。

孩子适合什么方向呢?父母很难简单地判断其适应性,但至少可以从社交幅度来探寻孩子是适合独自一人孜孜不倦地埋头做事,还是适合团体共事。

不是说社交幅度越宽就越好,越窄就越差。这并不是优劣的问题,重要的是要把它看作是孩子的个性。

例如,如果孩子更乐于与少数人共事,说明他喜欢一个人深思熟虑,会寻找与自己契合的人合作。如果大人过分责备:"多交些朋友吧""为什么老是一个人玩呢",那么孩子就会失去原本持有的良好适应性。

所以,**在孩子的社交幅度大致明确后,请把它看作孩子的长处。孩子究竟适合什么呢?不要急,随着成长,孩子真正的适应性会自然地显现出来。**

憧憬的人 = 梦想中的自己

另外,看清适应性还有一种方法,就是在平时的对话中引导孩子回答他憧憬、觉得厉害的人是什么样的人。因为在孩提时代,**"憧憬的人 = 梦想中的自己"这一公式很容易成立。**

憧憬是憧憬,但长大后自己真的也想成为那样吗?这恐怕是另一回事了吧。但是孩子在这一点上是非常坦率的。

憧憬优秀运动员的孩子会努力变得活跃,希望自己能够满足别人的期待;向往艺人、明星的孩子,希望自己也能够逗人开心,给大家带来欢乐。在憧憬中,孩子对自己的形象定位和对未来的展望正在旺盛地生根发芽。

在孩子上幼儿园至小学一二年级的时候,父母可以养成给孩子讲南丁格尔、野口英世等伟人故事的习惯:"以前有这样的人，他们非常努力，虽然经历了特别可悲的事情，但勇于冒险，最终做出了很厉害的事。"

从小就熟知伟人伟绩的孩子，在上小学后很容易对传记故事感兴趣，也会喜欢学习历史。要想让孩子对伟人产生憧憬，单靠递给孩子书本，让他自己"读一读"，是远远不够的。

问孩子喜欢什么样的伟人，也是预测孩子适应性的方法之一。为人效力的人、受人尊敬的人、目标专一的人、在全世界冒险的人……在这么多伟人中，孩子会对什么样的人特别感兴趣呢？

因为"憧憬的人＝梦想中的自己"，所以父母可以坦率地和孩子聊天，谈论喜欢的伟人和不太喜欢的伟人。比起直接询问"你将来想成为什么样的人啊"，孩子更能在轻松的聊天中显露出隐藏在内心的自我形象以及对未来的适应性。

CASE 03

CHAPTER 03

如何自信地接近
"梦想中的自己"

"能成为的自己"和"梦想中的自己"

"我家孩子做什么都胆小,是不是太没有自信了啊?"偶尔会从咨询者那里听到这样的质疑。

要想让孩子有自信,首先要让孩子意识到"能成为的自己"和"梦想中的自己"是怎样的。

所谓"梦想中的自己",是指梦想中的自己是什么身份,在做什么。"将来想成为宇航员探索火星""想成为棒球运动员,像大谷翔平一样变成一流选手"。

"能成为的自己"是指只要通过一点努力就能达成的自己。可以做到双跳,考试能拿到 100 分……是通过努力可以实现的自己。

父母可以引导孩子通过小小的奋斗实现"能成为的自己",如此反复,不断积累小小的自信。与此同时,试着让孩子描述"梦想中的自己"。**随着"能成为的自己"不断**

积累，即便是如梦一般的"梦想中的自己"，在说出口的时候也会感到"说不定能实现"。

如果父母从孩子小时候开始就这样引导他，孩子会越来越自信。

虽然随着成长，"梦想中的自己"会发生变化，但如果意识到"能成为的自己"和"梦想中的自己"两者之间的差距，能够像乘法运算一样去加速缩短，那么成为"梦想中的自己"的概率应该会大大提高。

CHAPTER 03

CASE 04

采用"间接表扬"

间接表扬效果很好

人们常说,要想激发孩子的干劲,拓展他的能力,就要积极地"表扬"。表扬自然非常重要,但是,表扬也分很多方法。怎么表扬才最好呢?

我推荐大家偶尔使用一下"间接表扬"。直接表扬当然也可以,但是比起被直接表扬,被间接表扬会更令人开心。

比如,对孩子说"老师跟妈妈说,你很有算术天分,所以做得很好",比起直接表扬孩子算术好,更能直达孩子的内心。

妈妈可以跟孩子转述爸爸的表扬、奶奶的表扬,以此来代替自己的直接表扬。

间接表扬比直接表扬更具效果,是因为在被表扬者眼里,间接表扬更客观、更真实,也因此更具说服力。

有的一流运动员或者强队的教练就从来不当面表扬选

手。以毒舌和发牢骚而闻名的前职业棒球教练就明确说过自己几乎没有当面表扬过选手。

但是，这些**不当面"表扬"，也可以说是"不擅于表扬"的教练们，却留下了优秀的战绩。**

这是因为他们对选手采用了"间接表扬"。 例如，对其他选手和教练夸赞过该名选手，大家传来传去最后传到了选手本人的耳朵里。

想必这位教练经常在电视和体育报纸等采访中发表夸赞选手活跃的言论。经过电视播放、报纸报道后，选手看到就会高兴地说："啊，原来教练说了这样的话。"

可以多次表扬

如果一点小事都去表扬，其价值会下降，但是对于的确了不起的事，可以无数次地表扬。

对于以往我们曾表扬过孩子、留下深刻记忆的事情，可以反复跟孩子一起回想并加以重复表扬。比如，"你在二年级的学艺会上相当活跃呢，妈妈永远也忘不了"，回忆过去再次表扬。这样不仅能够加深亲子之间的联结，过往辉煌的成功经历也会深深地铭刻在孩子心里。

不是表扬过一次就不再说第二次了，要有效利用起来。爷爷奶奶、外公外婆之所以受孙子孙女喜欢，就是因为他们经常多次表扬孩子。

CHAPTER 03

CASE 05

不能和孩子"交易"

不要用物品和金钱引诱

父母想让孩子做点什么时,如果孩子不听话,有的父母就会对孩子抛出诱饵引诱孩子。

"去跑腿儿给300日元""考试得100分就给你买热门游戏",大部分父母都用物品或金钱诱惑过孩子。

以物品或金钱为筹码与孩子进行交易,在当时可能有效,但不能成为孩子主动做某事的根本动机。

经常用报酬这种"糖"引诱孩子,孩子的想法就会被报酬所束缚,目的也会改变。

例如,捶肩膀就会给10日元,即使孩子一开始玩得很开心,但随着不断重复,慢慢地10日元也提不起孩子的兴趣了,可能就会想要30日元、50日元了。为了让父母高兴，才给父母捶肩膀的想法会渐渐淡薄，不涨报酬就难以对捶肩膀保持热情。

所以尽量不要与孩子做交易，"你这样做，我就会给你什么什么奖励"。

那么，怎样才能让孩子听父母的话，自发地做父母想让自己做的事情呢？

可以给报酬，**但不是物品和金钱，而是在平日里给予夸奖等心理上的报酬。**

要在日常生活中，对孩子所做的事给予表扬和认可。即便只是一点小事，也可以稍微夸奖几句。孩子付出行动，父母给予心理报酬，持续地一来一往，会渐渐成为培养孩子自发性的肥沃土壤。

突然得到几句语言夸赞的孩子并不会就此立马做出父母期盼的事情，所以父母平日里要有意识地给予表扬和认可，重要的是日常生活中的点滴积累。

CASE  06

CHAPTER 03

增强孩子主动性的
关键是"正强化物"

"正强化物"令生活变得快乐

我在前面说过,想要增强孩子的主动性,重要的是平日里给予表扬等语言奖励。

不过问题在于,如果语言奖励能够增强主动性,那么当语言奖励消失时,该如何做呢?实际上,到了某个年龄,**一直积极主动做事的孩子已经习惯了这样的行为模式,即使语言奖励变少了,自发行为也不会骤减。**

可以增加自发行为的刺激被称为"强化物",父母除了表扬、认可之外,还应当锻炼孩子自己找到"强化物"的能力。

强化物分为惩罚产生的"负强化物"和奖励产生的"正强化物"。对早上总是迟到的孩子说"不早点起床会迟到的",就是负强化物。

"做完这个算术练习册后就玩昨天买的新玩具吧",这是正强化物,可以让孩子更加集中精力学习。如果大人早上起来很困倦,就会沏一杯美味的咖啡,或者洗个澡清爽一下,有这些正强化物的激励,早起的痛苦就会减轻一些。也就是说,为了增强孩子的主动性,父母应当尽量给孩子提供正强化物或者提出相应的建议。

例如,如果孩子一直不打算学习,那么为了让他主动学习,父母可以提议学习结束后一起看电影,或者准备孩子喜欢吃的蛋糕等。

父母积极向孩子提议正强化物,长大后孩子就会在必须努力的时候自己寻找正强化物,并养成习惯。

如果只能找到"这个不做不行"的负强化物,生活就会很痛苦。做这个会得到什么样的乐趣,完成那个能体会到怎样的喜悦感等,能够常常找到多个正强化物的孩子会拥有巨大的潜能,本人也会创造非常快乐的生活方式。

CASE 07

CHAPTER 03

养宠物可以
培养沟通能力

最好像狗和猫一样有即时反馈

听说如果家里面养狗或猫等宠物，孩子长大以后的婚姻生活会很顺利。

与人不同，和狗、猫的交流不需要通过语言，通过喂食、让宠物大小便，孩子就可以学到如何保持人与人之间独特的距离。养宠物还可以培养孩子的沟通能力，有助于孩子和他人顺畅交流并保持交往的距离。

例如，狗狗有时会竖起尾巴摇来摇去，或者打个哈欠、露出肚子，表现出一副毫无防备的样子，如果一直养狗狗，透过它各种各样的动作和行为就能知道它想要什么，是什么样的心情。

这种揣摩就不适用于乌龟、独角仙和金鱼等动物。接触大自然里的生物当然都可以培养感情，但乌龟和独角仙等生物不像狗和猫一样可以"即时反馈"，即只要你发出交流信号，对方就会立即给予回应。

通过与狗和猫交流,可以学习人与人之间的最佳距离。

虽然给花草树木浇水施肥也能得到反馈,但过程非常缓慢。大人可以理解它们的反馈过程,但对于年幼的孩子来说就有点困难了。

与狗和猫的交流可以得到"即时反馈",所以孩子非常容易理解。对于孩子来说,能进行这种交流的狗和猫就像弟弟和妹妹一样吧。

养狗、猫等宠物给孩子带来的意义远远超乎大人的想象。

CASE 08

CHAPTER 03

兴趣班和补习班的
本质好处

体验专注和进步的乐趣

游泳、足球、钢琴、英语对话、书法……大多数孩子都在学习多门技艺。有的孩子一周里有四五天放学后都要去学习，忙碌到连大人都相形见绌。

兴趣班大多是父母知道目的和意义才向孩子推荐的，然而通常情况下，孩子哪个兴趣班也没有长久地坚持下去，只是成了长大后的回忆谈资，"小时候学过啊"。

话虽如此，兴趣班还是有各种各样的效用的。

音乐也好，体育也好，**在一定的时间内集中精力做一件事，使自己进步，经历这种过程会让孩子尽早体会到专注的乐趣、进步的喜悦，这些都是心理上的重要体验。**

特别是钢琴和算盘等要用到手指的技艺，更能锻炼专注力。仅靠例行公事般地上学很难体会到专注的感觉。

在补习班学到"不同的做法"

除了兴趣班,很多孩子从小学一二年级开始就去上补习班了。

通过补习班可以俯瞰自己,学到不同于学校所教的要领,反思现在的学习方法是否正确。也就是说,能注意到学习不是只有一条"王道",还有其他各种各样的方法。

在学校陷入学习困境的孩子,可以在补习班学到不同角度的方法,"原来是这样啊,如果变换做法,自己也能做到",心情也会变得轻松起来。

兴趣班和补习班并不是单纯为了提高成绩而存在,也是让孩子**通过吸收不同的"经验",找到最适合自己学习方法的地方**,非常有助于孩子的成长。

CHAPTER

第四章

使孩子变强

CASE 01

CHAPTER 04

孩子的成长
会因父母应对幼儿
叛逆期的方式而发生变化

"不要、不要"说明情绪成长得很顺利

"我不想吃这种东西!""我不喜欢你不抱我!""我讨厌这个玩具!"

这被称为幼儿叛逆期,**多数孩子是从一岁半左右开始,自我主见变得明显,大概会一直持续到四五岁。也有的孩子从半岁左右就开始了。**

明明刚出生的时候就像柔软的海绵一样,非常听妈妈、爸爸的话……我想很多父母都会不知所措。但这意味着孩子的情绪正在顺利地成长。

人的心既像海绵一样有柔软的一面,同时也像强而有力的弹簧,为了保护自己而展现出强大的抵抗力。

有些孩子无论长到多大也没有对父母的要求表示过不情愿,这些孩子反而更令我担心。不过幼儿叛逆期的程度也会因天生的气质和性格而有所不同,所以不用过

度在意。

那么，为什么小孩子会强烈地摇头，表现出"不要、不要"的情绪呢？直截了当地说，那是因为他们的**语言功能还没有发育完善，不能随心所欲地交流**。孩子也很烦躁、不高兴。

也就是说，不能满意地表达自己想做的事情和想让父母做的事情，或者一直无法随心所欲，因此变得愤怒、悲伤，孩子才左右摇头，表示出不高兴。

但是，随着孩子慢慢掌握语言能力，在一定程度上能够用对话表达自己的想法后，就会收敛起不情愿的情绪。

并不是想为难妈妈而胡乱地表达不高兴，而是因为还没有掌握语言这个工具，无法顺畅表达，这样想，妈妈的压力也会减轻一些。

认真地问孩子，他想说什么

孩子一哭闹父母就会想办法安抚。此时最重要的是**认真倾听孩子的心声，听他到底想说什么**。

如果孩子哭闹磨人，就跟孩子说："你为什么哭呢？不要哭了，和妈妈说说吧。"孩子觉得妈妈会听自己的想法、理解自己的感受后，表情应该就会发生变化。

例如，想要玩具而不跟妈妈走的孩子，与其说是对玩具执着，倒不如说是想让妈妈抱抱自己。"不吃这个！"扔掉蔬菜的孩子，可能是单纯地想要别人关心自己，或者是想得到更多的表扬。

无视、斥责哭闹的孩子，不仅没有任何效果，反而会让孩子觉得自己的欲望和心情无法传达，更加激化不情愿的情绪。

"妈妈都明白的，妈妈随时都会听你说的"，为了顺利度过幼儿叛逆期，父母要尽量以这样的态度对待孩子。幼儿叛逆期是孩子成长的一个过程。

所以，孩子的成长也会因为父母有多了解自己不高兴的心情而发生改变。

在幼儿叛逆期开始后，**父母首先要从俯瞰的角度出发——"这个孩子在成长"。在此基础上从多方面加以理解——"到底想要我做什么呢？""是我宠爱孩子的时间太少了吗？"** 这样可以帮助父母和还没有掌握语言能力的孩子快乐相处。

CASE 02

CHAPTER 04

青春叛逆期是
成长的必要阶段

不能无视青春叛逆期的孩子

青春叛逆期的性质和幼儿叛逆期有所不同,是从十岁左右开始。

青春叛逆期是从青春期前后开始的,有个人差异,但是在心理上女孩成长得比男孩快,所以在小学一二年级左右就开始叛逆的女孩子也不在少数。

比起妈妈,女孩子更多的是反抗作为异性的爸爸。之前还说"长大后要嫁给爸爸"的女孩子,突然就对爸爸敬而远之,爸爸本人也备受打击。在这个阶段,女孩子会对自己身心的性征变化感到不知所措,会对变成女性而感到害羞和困惑,所以不只爸爸,对所有男人都会变得冷淡。

而男孩子更多的是反抗妈妈,对爸爸的反抗没有对妈妈那么明显。开始觉得从婴儿时期起就一直陪伴在自己身旁照顾自己的妈妈多管闲事,很烦。自己明明都会做了,却永远被当成小孩子……陷入这样的情绪中，对妈妈的态度忍不住就恶劣起来，还会故意和妈妈唱反调。

对于孩子的反抗叛逆，父母自然不可以强行压制或者无视。

以父母的强硬立场去压制或无视，孩子的叛逆会更加激烈。特别是**绝对不能无视。在反抗的同时，孩子仍然依赖父母，也想对父母撒娇。无视就相当于否定了孩子复杂的心理，给孩子造成心灵创伤。**需要注意的是，这个创伤很可能会持续存在，在将来发展成激烈的反抗。

不要试图用道理来说服处于叛逆期的孩子，而是要和他产生共鸣："很烦躁对吧？""很生气吧？"或者直接问孩子："你有什么痛苦吗？""你讨厌妈妈吗？"几句简单直接的询问也能成为打开孩子心扉的契机。

另外，有的孩子很顺从父母，没有很明显的叛逆期。也有心理学专家认为"人可以没有叛逆期"，但我认为叛逆期对于孩子离开父母、走向独立非常重要。

因为，**反抗既是否定父母，同时也是否定依赖父母的自己。青春期的自我否定是长大成人的第一步。**叛逆期是在摆脱现在的自己，会带来充实自我的契机，具有很重要的意义。孩子从青春期开始会对曾经非常自恋、自认满分、自认最棒的自己做一个完结。

　　因此，父母不要消极地看待孩子的青春叛逆期。自我否定与否定他人，会转变成接近未来理想的自己的能量。重要的是，父母要把叛逆当作是孩子成长、进入社会的必要行为，温柔地守护孩子长大吧。

CASE 03

CHAPTER 04

不要急于让孩子
确立同一性

同一性延缓时期长的人越来越多

我是谁?从哪里来?要到哪里去?越是年轻的时候就越有这样的迷茫和烦恼。

以前的心理学认为,如果人到了 15~20 岁,还没找到上述问题的答案来确立自己的同一性,那么就无法实现自我。

最早提出这个观点的人是美国发展心理学家爱利克·埃里克森。埃里克森认为人应该在 12~22 岁的青年时期确定同一性,但在他生活的时代,很多人在 17~18 岁就已经成为工匠,进入社会工作。

为了让一个人得到自己是何人的答案并确立同一性,社会会给予一个宽限期,这个宽限期就是同一性延缓。现在很多人即使大学毕业后也在长期过着自由职业者的生活。现在的社会大环境打零工也能维持生计,这也是同一性延缓时期长的人比以前增加了很多的一大原因。

很多人认为同一性延缓再怎么延迟也顶多到30岁。但是与以前相比，最近的心理学对同一性延缓的思考已经发生了180度大转变，认为人也可以不用努力确立同一性。

也可以称作"暂时决定"，即现在的自己暂时是这样的同一性，但并不是真的就此定下，这样的生活方式会更幸福。

并非不尽早确立同一性就会绝望地死去，而是立足于"暂时决定"的想法去生活。接纳自己处于同一性延缓期的人度过的人生会更加丰富。

牢牢确立同一性，的确更容易实现自我价值。但是，普通人很难做到在实现自我的同时心满意足地过完一生。

我认为根本没有必要那么拼命地决定同一性，强行确立有时也会造成孩子蛰居不出。

想要孩子尽早确立同一性的父母，有可能会在孩子很小的时候就强行制订孩子前进的方向。

但是，强行逼迫孩子确立同一性显然是负面行为。父母从容不迫，孩子才能茁壮成长。**父母应当多加信任孩子，相信他即使花的时间有些长，也有能力发现自我。**

CASE  04

CHAPTER 04

抱怨工作不利于
孩子的成长

妈妈是镜子,爸爸是榜样

爸爸、妈妈在家庭里发挥各自的作用,会对孩子的成长带来极大的影响。奥地利精神科医生海因茨·科胡特认为,对于孩子来说,妈妈是一面镜子,而爸爸是让人有野心的榜样。

比如,在宝宝从爬行到可以直立行走的过程中,妈妈会说:"走得真稳!今天走3步,明天就努力走10步",就像镜子一样映照着孩子的姿态,在一旁伴随着孩子行走。**妈妈就像一面镜子不停地守护着孩子,孩子也会感知到妈妈一直在看着自己,对此感到安心,对未来抱有希望。**这是妈妈的职责。

而爸爸是孩子出生后才能见到的一个"完美"的大人。即对孩子来说,爸爸是榜样,"现在的自己还不完美,但随着成长，一定会慢慢接近完美，像爸爸一样"。

即使孩子现在会因为"自己不完美"而产生不安，但"总有一天会像爸爸一样成为一个完美的大人"的想法会打消这些不安。心理学认为孩子会以这种形式产生自爱。

也就是说，**爸爸和妈妈的范本效果越稳定，孩子越能安心地塑造自我**。家庭中爸爸和妈妈的存在越扎实稳固，对孩子的成长就越有好处。

但是，有的爸爸会自行毁坏孩子眼中完美大人的形象。电影、漫画里出现的喝得酩酊大醉、工作也不像样、懒散的爸爸，简直就是放弃了榜样这个身份。

即使没有那么极端，但在不知不觉中做了损坏榜样形象行为的爸爸还是相当有一部分的。比如，在家里经常抱怨上司和工作的爸爸。总体来看，有这种爸爸的孩子通常会出现不良行为。像"工作很辛苦，已经厌烦了"这样的抱怨，就像是特意告诉孩子爸爸在社会上不优秀。孩子会大失所望地质疑："这都是假的吧？"没想到心目中的完美榜样却是这副样子。

妈妈谈现实,爸爸谈梦想

爸爸最好多说些梦想和理想,而不是现实中的事情。妈妈则负责说现实。不管爸爸从事什么样的职业,**认为"爸爸在做有益于社会的工作"的孩子都会健康地成长。**

孩子希望爸爸是完美的。如果爸爸破坏了这个形象,那么曾经因与完美的大人相关而感到安心的自己就会产生动摇,也无法再自爱。当自爱的平衡崩塌、内心出现扭曲时,孩子就会以此为契机在学校做出不良行为,长大后也容易患上精神疾病。

我认为父母有必要好好认识一下爸爸和妈妈各自的职责。

CASE  05

CHAPTER 04

当孩子撒谎时，
问"怎么了"

第一次撒谎时妈妈的反应

我清楚地记得我第一次对妈妈撒谎的情形。

那是在上幼儿园之前,我不小心把玻璃杯打碎了,那会儿就应该坦率地说:"对不起,我打破了杯子。"但是,我慌张地把碎片堆在房间的角落,并且把纸盖在上面,装作自己不知情的样子。

尽管我知道这是一件非常狡猾的事,但当时脑子里想的全是:"要是暴露了,会被妈妈责骂!好可怕!"

掩饰自然很快就被戳穿了。"啊呀,这是什么!"妈妈问起的时候,我因为罪恶感和自我厌恶而哗哗地掉眼泪。然而妈妈却没有像我想的那样追问或怒吼。

她只是非常懊恼地说:"你本来不是会撒谎的孩子。妈妈很失望,该拿你怎么办啊……"然后深深地叹了一口气。

妈妈说的话深深地刺痛了我的心,我甚至希望妈妈狠狠地打我一顿。从那个时候起我就决定，以后绝不再欺瞒别人，对别人撒谎了。

一味地训斥不会让孩子反省

一般来说，孩子对父母撒谎是因为父母有可能会干扰自己做事，或者责骂自己做了不该做的事。

比如，明明和朋友约好了玩游戏，父母却说"今天在家学习吧"，左右为难时就会撒谎说："但是不去会被朋友欺负……"明明玩了打火机却坚决不承认，说："我不会这么做的！"

不论出于什么理由，习惯性地撒谎是非常不好的，所以如果父母知道孩子欺瞒自己就会责骂他。我也如此。比如，大学的学生提交的报告明明是抄别人的，却硬说"我一个人想的"，那时候我就会长篇大论地训斥："撒这样的谎，以后真的会变成草包哦！"

如果这个时候说"不能撒谎""撒谎是变成小偷的开始"等，只是照搬正理根本撼动不了对方的内心。

每个人都想逃离那样的言辞吧，"吵死了……下次一定要撒更好的谎才行"的想法甚至变得更强烈。

另外，有的训斥只是父母在发泄自己被背叛的"怒气"，**孩子听到后可能会觉得父母并没有真正理解自己，不会认真反省。**

如同魔法一般的"怎么了"

我建议父母在孩子撒谎的时候，首先询问"怎么了"。当孩子打碎了东西藏起来时，问一句："怎么了？"没有遵守约定，问一句："怎么了？"举一个极端的例子，假如孩子偷了朋友的玩具，也要先问一句："怎么了？"一切都以这句为开头。

认真教导孩子"不能做坏事""不能说谎"是教育的基础，是踏入社会必不可少的基本前提。所以在孩子踏入社会之前，**轻轻地把手放在他肩膀上说："你是个很棒的孩子，却做了这样的事，到底怎么了呢？"**这对还很幼小的孩子来说是很有必要的。

孩子的表情也会因此改变，"或许这个大人会听听自己的痛苦和困惑"，只有拥有了这种安心感，孩子才能坦率地接受父母和老师的指导，并将教导的话语温暖地留在心里。

"我是你的伙伴"

因职业的关系，我有时会以担保人的身份去警察局接在超市偷窃的孩子。

真的见到那个孩子时，我也会冲动地想要怒吼、打他。但我还是抑制住自己的冲动，首先问他："你怎么了？"

有时**警察**会对我的发问感到目瞪口呆："老师你太天真了，这样可不行呀！"但是，如果代替他父母、为他做担保的我不首先袒护他，还有谁会去挽救他沮丧、自暴自弃的心呢？

正是为了以后能花时间慢慢与他交谈，对他进行严格的指导教育，使他牢牢记住这段回忆并重新做人，我才**首先要表明"我是你的伙伴"**。如果站在孩子的"对立面"，那么显而易见，不论如何指责、说教，都只会适得其反。

我经常会给托儿所和幼儿园的老师们进行分享，每每都会跟他们强调，大人的一句"怎么了"，是打开孩子心扉的"魔法语言"。

CHAPTER

第五章

育儿不顺利时

CASE

CHAPTER 05

比起"不训斥",
更应该思考训斥的方式

斥责孩子之后，父母会闷闷不乐是理所当然的

育儿中会有很多超出预想的事。所以无论多么疼爱孩子，也会不自觉地感到生气、焦躁不安，强烈地训斥孩子。

而且，不论是出于爱的考虑去训斥，还是出于其他原因，如果孩子还年幼，就不会马上明白"为什么妈妈会生气"，也不清楚父母想说的"本意"是什么，只会一个劲儿地哭闹发脾气。类似的亲子间的分歧有很多。

作为父母，在训斥孩子之后也会感到各种后悔和懊恼。不经意间回想起来，"训斥他会不会是因为我不讲理啊？训得太狠了有没有伤到孩子敏感的心呢……"也会有这样愁眉不展的时候。有很多父母说，"训斥孩子把握不好度，也不擅长引导孩子。"

但是，**"没有自信"正是育儿最重要的情绪，会愁眉不展才是正常父母的表现。**

再怎么训斥孩子，内心也毫不在乎的父母是不健全的

在接受心理咨询的来访者中，偶尔也会有父母心安理得地说："训斥孩子之后心情会很舒畅！""我生的孩子，冲他发脾气理所应当。"仔细听他们话里的内容，就会发现，他们自己有严重的童年创伤，或者有认知上的困难，只能以扭曲的情感表现出来。

所以，因为"又对孩子生气了""训斥过头了"而闷闷不乐的父母才是健全的父母。相反，冲孩子发怒也不在乎，甚至感到舒畅，不把此事放在心上的父母就要注意了，事态已经严重到必须立刻采取措施改正自己的态度了。

对于"健全的父母"来说，不管何种原因、何种情形，训斥本身就会成为他们的压力，这是理所当然的。所以，他们会想知道有没有不训斥便能教导孩子的好方法。

用情感语而不是逻辑语训斥

育儿过程中完全不训斥孩子，无论何时都笑嘻嘻的，这在现实中是不可能的。那么，在训斥或者批评的时候需要注意哪些方面呢？

首先是很多人都存在误解的地方，即大声训斥不好，小声训斥可以；或者训斥 30 分钟不好，1 分钟就可以……其实在意这些没有任何意义。

说到"训斥"，大家**往往以声音的大小、时间的长短等因素来衡量，但调查统计显示，这些对孩子的影响几乎没有差别**。也就是说，无例证表明，像雷声一样怒吼的爸爸会让孩子退缩，小声发脾气的爸爸就会让孩子有自信。同样，父母发脾气时间长，孩子性格就会变阴暗，父母发脾气时间短，孩子性格就会变开朗等，也没有被证实。

比"量"更重要的影响是训斥的"质"。"方式"更为重要，而不在于"训斥多不好，少就好"。

那么，什么是不好的训斥方式呢？这和第二章中说过的"逻辑语""情感语"密切相关。

典型的不良训斥方式是只使用逻辑语训斥。比如，"你要我说几遍才知道！""不认真做将来也不会有出息！"之类的训斥，都是由逻辑语支配的。这样的训斥方式会伤到孩子的心。

那么，什么是考虑到"质"的斥责方式呢？

那就是**以情感为中心，用情感语训斥**。"你这么做让我很难过"或者"我很担心你"，这是充满亲情的、有温度的训斥。

我在进行记忆相关的研究时发现，在被父母用逻辑语斥责的记忆和用情感语斥责的记忆中，前者的回忆是冰冷的、厌恶的，而后者尽管也是被训斥，但明白父母是为了自己考虑才斥责的，所以是温暖的回忆。

另外在训斥孩子时，父母最好先冷静地反思一下，自己真的是因为孩子才生气吗？还是因为孩子没有按照自己所预想的去行动而发脾气呢？

请父母训斥孩子时停下来思考一下，自己表达出来的，或者打算表达的是何种愤怒呢？

父母也是人，很难按照理论来改变训斥方式。但是，如果在训斥前能够思考"只是在笼统地说教吗？有没有传达自己的想法和亲情呢？"对孩子说出的话语和表情就一定会发生变化。

CASE 02

CHAPTER 05

不要让哭泣的
孩子强行闭嘴

孩子在成长过程中能自然地学会情感控制

小孩子和大人不同，无论何时都能坦率地表现出喜怒哀乐。但是，长大后就会在人前控制情感的显露。把情感毫无掩饰地表现出来，会被认为是孩子气的表现。把愤怒和不高兴的情绪暴露出来，可能会被认为是一个奇怪的人，甚至人性也会受到质疑。

孩子在磨人、哭闹的时候，父母往往会以成年人的感觉为基准去训斥或安抚。但是，**孩子在成长到某个年龄之前，最好把所有的喜怒哀乐都直接显露出来。因为用身体来表示感情的行为是成长的过程之一。**

有研究报告称，与从小就压抑着情感长大的孩子相比，任其表达情感的孩子患上青春期抑郁症的概率更低，而且语言智商更高。科学也证明了"哭泣的孩子会长大"。

不要按照成年人的标准强行控制孩子，随着长大，孩子自然就能学会如何控制情感了。

比如，在幼儿园里经常哭就没有小朋友一起玩，上了小学总是生气就会被喜欢的孩子讨厌。**随着集体生活经历的积累，比起像爬坡一样慢慢学会控制情感，孩子更像是噔噔噔爬楼梯一样很快就能学会控制情感。**

一直哭或一直生气就会被孤立。
孩子通过积累集体生活的经历来学会控制感情。

虽然有个人差异，但迟早会掌握。到了高中，孩子的喜怒哀乐就不那么明显了（甚至显得孤寂），在父母面前也会隐藏情绪。所以没有必要从现在开始就焦虑。

强行压制孩子"不要哭"也没有意义

有很多妈妈会带着孩子来参加我的宣讲会。宣讲会有一个多小时，所以小孩子们会在中途哭闹，妈妈就会焦急地把孩子带到外面，但我总是笑着说："没关系，宝宝会哭是理所当然的。"

也许是在场的人和妈妈的安心感传递给了宝宝，多数时候宝宝们也逐渐放松下来，停止了哭泣，我经常觉得很不可思议。

当孩子在公共场所哭泣时，大部分父母都会因为不好意思而强行让他们停止哭泣。

过去对此可能比较宽松，但最近越来越多的成年人抱怨孩子的声音太吵了，社会对孩子变得不太宽容了。妈妈们非常强烈地意识到这一点，所以在外面的时候会非常在意周围人的目光，经常会抑制孩子情绪宣泄的行为。

但是，**孩子是社会的宝贝。即使你觉得哭声有点刺耳，**

但也会肯定地认为"啊，这才像个孩子啊"。我深深地希望整个社会都能温暖地守护孩子的成长。

同样都是小孩子，有的爱哭，有的却不怎么哭。"哎呀哎呀，原来你是爱哭的类型啊"，带着谅解的心情对待爱哭的孩子，气氛也会变得柔和，宝宝的心情也容易平静下来。

面对孩子哭闹无能为力的时候，**强行压制孩子让他"别哭"**，不会有任何效果。父母这时可以贴近孩子，温柔地询问："你怎么了？"和孩子一起探寻解决方法。

CASE 03

CHAPTER 05

妈妈有意识地创造出
"可以独处的时间"

让妈妈能够独处的爸爸才是真正的奶爸

现在育儿的女性患神经症的病例激增。

这是什么导致的呢？其实原因多种多样，比如，"孩子不按自己的想法来""睡眠不足""劳心费神"等。

但是，从我的临床经验来看，"没有独处的时间"是现代妈妈们的一大压力来源。

现代女性在成为妈妈之前，都是精力充沛的职业女性，享受单身生活，独自出国留学，和男性一样可以自由行动。喝茶也好，去购物也好，什么都可以一个人自由地决定。现代女性的十几岁、二十几岁基本上都是这么自由地度过的。

但是，一旦变成了"妈妈"，自己的世界就突然发生了变化。特别是全职妈妈，生活方式转变成 365 天 24 小时都要和孩子待在一起，这和以前的妈妈相比，难度系数要高得多。

怀孕、分娩、育儿，妈妈多年来一直和孩子一起生活。不论孩子多么可爱，24 小时一直待在一起，时而也会感到烦躁，现代的妈妈更是如此。

所以，我会对抱有育儿烦恼的妈妈给出这样的建议："尽量创造能够独处的时间吧。"

经常有妈妈说，一起做饭、一起带着孩子去游乐场、帮助妻子的"奶爸"，其实对妈妈来说反而是一种压力。相比之下，照顾宝宝一小段时间，让妈妈能够独处的爸爸才是女性真正需要的伴侣。

偶尔由爸爸看管孩子,让妈妈一个人出去吧。

感到烦躁和辛酸的妈妈在周围人的帮助下获得独处后，恢复了活力，内心也变得安宁，至今为止我已经见过大量类似的例子。

无须做什么特别的事。一个人去美发店，一个人去吃饭，一个人午睡……你一周有一次这样的时间吗？这可以说是会不会患上育儿神经症的明暗分界线，我绝不是夸大其词。

疲于育儿并不是一件丢脸的事。在压力积攒之前，一定要积极地请周围的家人和朋友协助"创造独处的时间"。

而且，绝对不要想着"我必须完美地育儿"。这样的事情首先100%不可能实现，而且如果妈妈事事都要求完美，孩子也会感到拘束不自由。

育儿可以"偷工减料"

有人说育儿不应该嫌麻烦，不可以偷懒，但我觉得适当的"偷工减料"反而很好。

无论工作还是体育训练，如果从头到尾一直全神贯注，身心都承受不了。换句话说，偷工减料就相当于给事情分出轻重缓急。这里很关键，必须认真做；那里可以一定程度地放松。每件事情在重要程度上自然会有所不同。

育儿也一样。"食育"固然重要，但每顿都要做得丰盛美味简直太难了，不仅有时间上的制约，尽心地做出美食也会让自己很累。偶尔也可以依赖冷冻食品。

和家人围着餐桌和和美美地享用餐食，无论是讲究的料理还是冷冻食品，孩子吃起来都会感觉一样香。冷冻食品也许缺少营养，但是一家人一起吃，内心也会得到充分的滋养。

不要把"偷工减料"当作消极的行为。在育儿上"巧妙地偷懒"，对妈妈和孩子都非常重要。

CHAPTER 05

CASE 04

孩子不听父母的话，
是因为父母没听孩子的话

日常交流很重要

平日里父母必须和孩子就各种各样的事情进行交流。如果交流不够,那么在发生问题时,无论父母费多少口舌,孩子也不会听。

可以贴近孩子的内心,问他在幼儿园和学校发生的事;或者跟孩子三言两语地聊聊自己的世界观和人生观。以孩子看过的书为谈论契机是个不错的方法。

没有这样的日积月累,孩子在碰壁迷茫、烦恼的时候,就不会对父母坦然地敞开心扉。

如果父母和孩子平时很少交流、接触,那么即使出现逃学等问题时,孩子也会无视父母的苦口婆心。

"不听"有时也是孩子对父母的一种自然反抗。

如果程度严重,有可能是因为父母和孩子缺少基本的亲密交流。

孩子不听父母的话,是因为父母没听孩子的话。

在感叹"孩子一点儿也不听话"之前，父母应该回顾一下平时自己是怎样对待孩子的。

孩子之所以"不听话"，可能是因为父母平时"不听"孩子所说的话吧。

如果父母以前不怎么听孩子说话，那么首先就有必要从这里开始改正。

CASE **05**

CHAPTER 05

独生子女并不"可怜"

独生子女反而擅于社交

我是独生女，所以很清楚，独生子女可以独占父母、祖父母的宠爱，很多时候都会让长辈给自己买各种各样的东西。没有与兄弟姐妹的冲突纠纷，可以随心所欲。独生子女的父母也因此会担心，自己的孩子会不会太任性了。

但是，**独生子女也有很多好处**。

比如，独生子女没有兄弟姐妹，所以会下意识地在外面结交"兄弟姐妹"。交友欲强烈，就会容易亲近，社交范围反而很广。

另外，因为从小就没有兄弟姐妹和自己竞争，所以比较无忧无虑，跟任何人都能友好相处。

褒义也好，贬义也好，独生子女在察言观色方面似乎不太擅长。如果有兄弟姐妹，比如弟弟妹妹看到哥哥被父母骂,就能观察学习到什么样的行为不好,但是独生子女就没有这样的学习对象。

有兄弟姐妹就能互相建模,可以学到什么样的行为是吃亏的,什么样的行为是得益的。但是独生子女却做不到这些,所以和别人在一起的时候就不太懂得察言观色。

反过来说,独生子女在与人交往中很少会讨价还价、算计对方。也有人觉得这是纯粹和坦率的表现。

养育独生子女的注意事项

父母要注意的是,从数据上看,独生子女,特别是在小学一二年级时很容易受人欺负。

在有兄弟姐妹的孩子看来,无论点心还是玩具,独生子女都能独享,令人羡慕。所以,如果独生子女在服装和行为上有些引人注目,就会成为受人欺凌的导火索。

父母也许觉得,没有兄弟姐妹,孩子会感到寂寞,觉得孩子可怜,但令人意外的是,孩子本人对自己是独生子女这件事却抱有优越感。孩子应该也不想父母可怜自己。所以，我认为父母没有必要为了可怜孩子而劳心劳神。

宠物在一定程度上可以替代兄弟姐妹，**如果家里能养狗、猫等可以高度交流的宠物，建议和孩子商量饲养。**它们一定会成为培养孩子情感的无可替代的好朋友。

CASE  06

CHAPTER 05

育儿"自然是麻烦的"

育儿不会按计划进展

育儿是指从一个人的婴儿时期开始就照顾他、培养他，直至他长大成人，进入社会，这是非常花费时间和精力的一项大事业。

育儿无法按照公式、剧本进行。孩子甚至会朝着父母所期盼的相反方向发展。不，实际上这种情况反而是大多数的。据日本文部科学省的调查显示，对于"你认为自己成长为父母所期盼的样子了吗？"这一问题，无论是 30 年前还是现在，都几乎没有人回答"是"。

毕竟人类不能像智能机器人一样按照输入的指令进行活动。

育儿就像复杂至极的联立方程式，不断有变量加入，比如孩子的资质、性格、能力、环境，父母的想法、相处方式等。由于变量太多，所以要想引导出有益于孩子成长的明确方向并使其成为现实，并没有那么容易。

另外，人类总是隐藏着各种各样的可能性，无论这种可能性是好还是坏。因想法、行动、条件和环境的不同，这种可能性会如何呈现呢？连本人都无法做出正确的预测。

正因为人类是由人类培养，所以育儿不可能不麻烦。过着父母预想的人生的孩子自然也有，但现实通常都是孩子辜负了父母的期待，亲子关系不融洽，令人伤脑筋等，虽然大小有所差别，但都或多或少地存在着。

当然，育儿可以给人带来梦想、快乐和希望，为人父母是那么的幸福。但是，**越是聚焦于育儿的积极面、过于期冀的父母，就越会因为孩子的一点小问题而失望，严重的甚至会患上抑郁症。相反，"育儿是很麻烦的，真的很辛苦，不会按照你预想的发展"，这么想并且觉得这是理所当然的人反而会很有弹性。**养了很多孩子和孙子的奶奶肯定不会因为一点琐事就不开心吧。

"自己是了解这些困难后才当父母的"，从某种意义上说，已经做好思想准备的父母不会因为遇到一点问题就心灰意冷。为了成为能坚定地支持孩子、有魄力的妈妈，有必要严肃地认识到，育儿辛苦是理所当然的！

不能把育儿变得"合理"

生活在重视便捷、效率、合理性的现代社会，父母甚至想把育儿这个费时费力的麻烦事也尽量简单化。但是，**我希望父母们明白，当你们打算合理地规划育儿、做事尽量不费功夫时，现实马上就会打击你。**

把一个人培养成才，是我们人类被大自然赋予的最大使命。不管是从劳力还是耗时来看，这都是一项非常辛苦的事业，伴随着各种各样的麻烦是理所当然的。如果强烈感觉到育儿很麻烦时，有必要常常提醒自己"育儿本就是一件苦差事"。

我并不是让大家悲观地认为育儿尽是艰辛。而是从一开始就明白育儿艰辛的父母，更能抵抗育儿压力，进而使亲子关系变得融洽，对孩子的身心成长也会产生良好的影响。

CASE 07

CHAPTER 05

不能说孩子"笨蛋"

这些话会给孩子造成一生的心灵创伤

父母在对孩子发脾气时,忍不住就会说一些责骂的话。我见过有些父母会对小孩子说"你笨不笨啊""反正你也做不到"之类的话。

父母在说这些话的时候或许觉得没什么,很轻易就说出了口,但不要忘记,这会伤害到孩子幼小的心灵,甚至造成很严重的影响。

如果父母责骂的话语里带有"笨这种事无法控制""笨不笨跟人的内心有关,改变不了"的意思,那就是在说孩子本人无能为力。所以,这种话语还是不要说了。

比如,当孩子做出了努力,父母却说"是不是不适合你呀""最后总是失败",孩子就会觉得"我能力天生不足吧",进而从根本上失去干劲。

每当父母说出这种禁用语时,孩子就很难产生要改变自己、要努力的积极心态。

对孩子正在做的事情发牢骚没有任何好处，把忍不住要说出口的话暂时咽下去吧。在冲动之前停下来想一想，说什么话可以给孩子带来积极的影响。

CASE  08

CHAPTER 05

避免出现"朋友式亲子关系"

乘兴附和孩子等同于放弃育儿

"她们就像姐妹一样……"最近经常能看见这样的亲子关系，在外人眼中父母和孩子相处得像兄弟姐妹一样。

有威严的父亲在家里位于中心地位，孩子对父母说话要用敬语等，往昔的家庭相处模式现在可能已经不复存在了。

爸爸们也开始热情地参与育儿，"奶爸"逐渐成为一种风潮，成了爸爸们理所当然的义务。

但是，**仅仅是长时间生活在一起，绝对称不上是在育儿**。只是生活在一起相互照顾，站在同样的角度沟通交流，这不能算是真正意义上的教育。在形式上看是一起度过了一整天，但实际上没有任何教育行为，只是单纯地待在一起而已，这样的父母也很引人注目。

我会观察前来咨询的父母和孩子是如何交流的，经常能看到父母像朋友一样附和孩子讲话。孩子说："和某某在一个班级，我不喜欢他。"父母就会附和道："啊，我知道……你和某某合不来！"

这简直就是在和朋友聊天。像朋友一样随意敷衍孩子的确轻松，也不会被孩子讨厌。只不过，乘兴附和孩子就相当于放弃育儿。

父母的回答应该具有理性："是吗？但爸爸妈妈希望你和所有人都能友好相处。即便是某某，他也有他的优点呀。"

即使这样的父母会让孩子觉得难以亲近，父母也要做出正向引导性的应答。父母不教孩子做人最基本的道理，还有谁会教呢？进入社会丢脸的可是孩子。

感同身受后再谈教训

不过，在讲道理之前，重要的是要对孩子说过的话表现出共鸣。

拿刚才的亲子对话来举例，"啊，是这样啊，你不喜欢他啊"，然后可以接着询问："为什么呢？你讨厌他什么地方？"重要的是和孩子一起思考他当作问题的事情，在此基础上正确地引导他，而不是和孩子一起说坏话。

当孩子说了一些消极的事情时，父母在教导之前一定要表示共鸣。没有表现出共鸣就突然劈头盖脸地骂一顿，孩子也只会充耳不闻。和孩子产生共鸣，会更有助于父母去认真地规诫教导孩子，但是不要刻意迎合他。

虽然有点不好意思，但我小时候也在家里说过"我见到那个人就恶心"那样的话，那时父母就会吓唬我："说这种话将来就会长着一张令人讨厌的脸哦。"就像谚语"搬起石头砸自己的脚"一样，对他人的所思所想会反射到自己身上。

当时我还在想："真是听不懂我话里意思的无聊父母啊"，但是如果父母真的像朋友一样附和："啊，那孩子就是令人火大啊！我懂你"，那么我一定会养成高高在上的个性，难以适应社会集体。

孩子和父母像兄弟一样和睦友好是一件快乐的事。**只不过有时候，父母必须以父母的身份来和孩子相处**。如果忘了这一点，那么不论推掉多少工作去陪孩子，也算不上是在育儿。因为育儿最重要的不是时间。

后记

前几天我在日本保育员联合会上做了主题演讲。在休息室和联合会会长一边喝茶一边聊天的时候，会长先生的几句话给我留下了深刻的印象。

他说："我们保育员的使命就是把孩子培养成能够认真纳税的人。如果他们能够成为可以纳税的人，那就太棒了。"

以往的"保育"只给人无足轻重的印象，而这次则不同，所以我很惊讶。虽然不能马上领会，也有些困惑，但是我能感觉到这是会令他人深深认可的观点。

我觉得他切中了人们常说的"成为优秀的大人吧""长大了就在社会上大展宏图吧"等话语的具体含义。

当然，职业不分贵贱，我觉得"纳税多就光荣，纳税少就无能"的说法太荒唐了。但是，"（例如）以纳税的形式,使自己具体地归属于社会"是育儿的目标,通过这一点我揣摩到了会长先生话语里的真意,并对此深感共鸣。

在本书中,我列举了大量的实例证据,并以"培养贤明的孩子"为主题进行了总结。特别强调的是以下几点:

① "干劲开关"由气质决定,有很大的个人差异。
② 如果与孩子身体接触过少,那么孩子身心都不会成长,也难以适应他人。
③ 关于早期技能教育的功效与弊端。
④ 日本独特的育儿方式——保持"隔扇距离"。
⑤ 饮食过程中的严厉管教会妨碍孩子的营养摄取,使孩子容易形成阴暗的性格。
⑥ 学习不是才能,而是习惯。
⑦ 意识到物量、方略、环境三点,成绩提高的同时精神力量也会强大。
⑧ 用情感语进入孩子的世界,而非逻辑语。
⑨ 比起"明白",孩子的兴趣首先在于"能做到"。
⑩ 孩子会通过大人的第一句对话来判断对方是否是自己的伙伴。

如序言所述,这些都是成为有担当、待人体贴的人,在社会集体中生存下去的"聪明"的必要条件。

孩子在自己拥有了学习和运动的聪明才智后,还会去帮助那些有困难、弱小、痛苦的人,才能把自己的聪明发展为助人为乐的"聪明"。

奉献社会虽然劳心劳力,但却是快乐、幸福的。心理学家阿德勒甚至断言:"人类的幸福来自于贡献感。"

我希望父母们也能进一步认识,和他人互帮互助、共享喜悦,这才是真正的聪明。

每一天大声激励孩子,摸索爱孩子的方式,本书介绍的心理学如果能对你的育儿有所帮助,那将是我的荣幸。

撰写本书时,编辑高木真明先生、钻石社的龟井史夫先生提出了很多有益的建议,借此向他们致以衷心的谢意。

植木理惠